U0489830

教育部人文社会科学基金资助项目（编号：18YJC630037）部分研究成果

管理防御与企业多元化并购：动因与经济后果

Managerial Entrenchment and Diversifying Acquisition : Motivation and Economic Consequences

高燕燕◎著

图书在版编目（CIP）数据

管理防御与企业多元化并购 ：动因与经济后果 / 高燕燕著 . -- 北京 ：企业管理出版社, 2024. 8. -- ISBN 978-7-5164-3102-3

Ⅰ. F279. 246

中国国家版本馆 CIP 数据核字第 2024QU2088 号

书　　名：管理防御与企业多元化并购：动因与经济后果
书　　号：ISBN 978-7-5164-3102-3
作　　者：高燕燕
策　　划：赵喜勤
责任编辑：赵喜勤
出版发行：企业管理出版社
经　　销：新华书店
地　　址：北京市海淀区紫竹院南路 17 号　　**邮编**：100048
网　　址：http：//www.emph.cn　　**电子信箱**：zhaoxq13@163.com
电　　话：编辑部 010–68420309　　发行部（010）68701816
印　　刷：北京厚诚则铭印刷科技有限公司
版　　次：2024 年 9 月第 1 版
印　　次：2024 年 9 月第 1 次印刷
开　　本：710mm × 1000mm　1/16
印　　张：10.25 印张
字　　数：125 千字
定　　价：68.00 元

Preface 前　言

我国经济已由高速增长阶段转向高质量发展阶段。为实现经济结构调整和产业转型升级，政府出台了一系列政策鼓励企业通过并购重组做优做强。受重磅利好政策提振并购市场等因素影响，从 2015 年开始，国内并购交易的数量和规模都呈爆发式增长。2022 年受新冠疫情反复的影响，并购交易总额跌至 2013 年以来的最低水平，但交易数量仍比疫情发生前的 2019 年上升 22.02%；按交易量和交易额计算，分别约占全球并购市场的 22% 和 15%。中国企业已经在全球并购市场中扮演着越来越重要的角色。

在并购交易活跃度和规模都爆发式增长的同时，我们还注意到，近年国内上市公司并购中多元化并购的发生率高达 45%，且无关多元化并购占其中的半壁江山。这与西方企业自 20 世纪 90 年代纷纷从多元化转向归核化形成了鲜明对比。在导致多元化并购发生的诸多因素中，管理者作为企业决策的制定者，发挥着至关重要的作用。已有大量文献从委托—代理关系视角研究管理者对企业多元化并购行为的影响。但传统的委托—代理理论将管理者视为同质性的抽象个体，仅从道德风险角度加以分析，对管理者异质性考虑不足，尤其忽略了个人管理防御特征的差异。本研究从管理防御视角出发，试图回答以下问题：①管理防御是不是国内企业多元化并购高频发生“异象”的动因之一；②多元化并购完成后，并购双方能否有效融合，在财务效果和经营效率方面具体表现如何，是否实现了协同效应并凸显“产业逻辑”；③哪些因素能够对中国资本市场上的管理者防御行为发挥治理作用；④针对如何抑制管理防御行为的发生、提高企业并购重组质量以及推进并购重组市场深化改革提出相应政策建议。

本研究基于经济人假说、委托—代理理论、信息不对称理论、企业契约理论和控制权理论等相关理论，构建了“管理防御→多元化并购→经济后果”的研究框架，以2009—2019年作为主并企业实施多元化并购的4370家沪深A股上市公司为样本，加以实证检验。研究发现：①管理防御程度对企业多元化并购具有显著正向影响，证明管理防御是我国多元化并购频发“异象”的动因之一；②相比于非国有企业，国有企业中管理防御程度对多元化并购的影响更大；③股权结构可以在管理防御程度与多元化并购的正相关关系中发挥治理效应，其中机构股东持股比例提高和股权集中度提升表现出显著的治理效应，而股权制衡度对正相关关系的抑制作用并不显著；④管理防御程度对多元化并购的短期市场表现的影响不显著，但对长期财务绩效和经营效率具有显著负向影响；⑤企业所处的内外部制度环境能够调节管理防御对多元化并购长期经济后果的负面影响。

本书的主要特色是，首次提供了国内企业管理防御与多元化并购关系的经验证据，检验了多元化并购后企业经营效率的变化，并验证了中国情景下企业内外部因素对管理防御的治理作用。研究在拓宽多元化并购影响因素及其经济后果的研究视角的同时，一定程度上促进了管理防御理论的发展，能够为采取有效手段遏制管理防御行为提供参考，为有效规范并购行为、实现企业高质量发展和推进资本市场深化改革提供依据。

本书系教育部人文社会科学基金资助项目“国企多元化并购动因与经济后果——基于管理防御视角的研究”（项目编号：18YJC630037）的部分研究成果。

由于作者水平有限，编写时间仓促，所以书中错误和不足之处在所难免，恳请广大读者批评指正。

高燕燕

2024 年 5 月 25 日于中国矿业大学

Contents 目录

第一章

绪　论

第一节　研究背景

党的十九大报告指出“我国经济已由高速增长阶段转向高质量发展阶段”；党的二十大报告进一步明确“高质量发展是全面建设社会主义现代化国家的首要任务”；2023 年 12 月召开的中央经济工作会议又强调“必须把坚持高质量发展作为新时代的硬道理”。高质量发展是面对世界科技革命和产业变革潮流，我国经济由高速增长阶段转向中低速发展新常态、社会主要矛盾发生变化之际，党中央对我国现阶段经济发展阶段的判断，也是对我国未来经济社会发展提出的新目标和新要求，是关系我国现代化建设全局的一场深刻变革。

上市公司是国民经济体系的中坚力量，对我国经济秩序的稳定和经济制度的完善具有举足轻重的作用，也是我国经济高质量发展的重要“压舱石”。并购重组是上市公司的重要资本运作方式，可以提高企业资源配置效率和资源利用效率，被认为是实现高质量发展的重要手段之一。国务院 2020 年出台的《关于进一步提高上市公司质量的意见》中指出，做优做强上市公司的要求之一就是“促进市场化并购重组，充分发挥资本市场的并购市场主渠道作用”。为支持上市公司通过并购重组提质增效、做优做强，激发并购市场活力，中央和地方政府陆续出台了一系列深化并购重组市场化改革的举措。例如对头部大市值公司并购实施审核“绿色通道”、鼓励行业龙头及“两创”公司高效并购优质资产、支持上市公司之间吸收合并；鼓励运用定向可转债等并购重组新支付工具、提高对重组估值的包容性、设立资本赋能基金、给予奖励、信贷税收优惠等。

受政府出台一系列重磅利好政策提振并购市场等因素影响，从2015年开始，国内并购交易的数量和规模都呈爆发式增长（见表1–1）。2022年受新冠疫情反复的影响，并购交易总额跌至2013年以来的最低水平，但交易数量仍比疫情发生前的2019年上升22.02%；按交易量和交易额计算，分别约占全球并购市场的22%和15%（普华永道，2023）。可见中国企业已经在全球并购市场中扮演着越来越重要的角色。

表1–1　2013—2021年中国并购市场交易趋势

年份	2013	2014	2015	2016	2017
交易数量（笔）	5233	6355	8292	6639	6779
交易金额（亿美元）	3920.76	4567.01	8515.60	6790.54	6777.32
年份	2018	2019	2020	2021	2022
交易数量（笔）	7459	6462	6818	8218	7885
交易金额（亿美元）	6615.32	4409.48	4107.45	4287.38	2851.31

数据来源：CVSource投中数据。

在并购交易活跃度和规模都爆炸式增长的同时，近年国内上市公司并购中多元化并购的发生率高达45%，且无关多元化并购约占其中的半壁江山（高燕燕等，2018）。多元化并购是企业实施多元化战略最主要的途径，但随着越来越多的多元化失败案例的出现，人们开始审视多元化并购的经济后果。以Sicherman和Pettway（1987）等为代表的大样本研究证实了多元化并购会引起企业价值减损，尤其是无关多元化的收购方会遭受更大的价值损失。与之形成对比的是，多元化企业的归核化行为却可以给股东带来显著的累计超额收益（Berge and Ofek，1995）。诸多经验证据表明，多元化是绝大多数失败企业的“致命伤”，因此西方企业自20世纪90年代纷纷从多元化转向归核化。

既然多元化并购极易引起失败，那中国上市公司如火如荼地掀起多元化并购浪潮的原因是什么？多元化并购的数量已经上去了，质量又如何？在导致多元化并购发生的诸多因素中，管理者作为企业决策的制定者，会发挥至关重要的作用。已有大量文献从委托—代理关系视角研究管理者对企业多元化并购行为的影响。但传统的委托—代理理论将管理者视为同质性的抽象个体，仅从道德风险角度加以分析，对管理者异质性考虑不足，尤其忽略了个人管理防御特征的差异。而由于管理者个人特征和目标存在差异，即使处于同样的内外部环境中，不同管理者也可能做出不同的战略选择（Hambrick and Mason，1984）。中国上市公司所面临的治理监督环境有待完善，经理人市场也不够发达，客观上难以形成对管理者的有效制约，成为滋生管理防御行为的温床，企业中普遍存在管理防御现象（黄国良，2009）。作为理性经济人的管理者，会产生固守职位和谋求私利的管理防御动机，并以大规模投资和多元化投资作为其手段（Morck et al.，1988；Amihud and Lev，1981）。所以管理防御理论作为委托—代理理论的深化，在承认管理者异质性的前提下，为我们更好地解释国内上市公司异常热衷于多元化并购的现象提供了新视角。

第二节 问题的提出

虽然国外研究成果已从理论上证明经理管理防御动机是导致企业

投资短视行为的主要原因之一，但还缺乏相应的经验证据，而且国内管理者面临的内外部约束和激励与国外有较大差异，导致我国的管理防御现象有其特殊性，不能完全套用西方研究结论。因此结合特殊制度背景，理论分析和实证检验管理防御与上市公司多元化并购高频发生之间的关系，验证“并喷”之下是否隐藏着巨大危机，找到对治盲目多元化的约束机制，是当前理论和实务界亟须解决的问题。

鉴于目前研究的不足，本研究将在遵照成熟的内外环境因素决定战略选择及动因—行为—效果的多元化战略研究范式的基础上，尝试将管理者这一企业并购决策主体纳入主流的多元化理论，立足于我国制度背景和经济环境，深入剖析管理防御对企业多元化并购的影响，为完善公司治理和推进我国上市公司并购重组市场深化改革提供一些借鉴。

本研究试图回答以下四个问题：

第一，管理防御是不是多元化并购高频发生“异象”的动因之一，即是否存在管理者利用多元化并购进行防御？鉴于上市公司存在不少盲目多元化并购的现象，中国证券监督管理委员会（以下简称证监会）提出要“从严监管盲目跨界并购”。但加强监管只是一种外部约束机制，只有通过经验证据验证其发生的内部根源，从源头上“对症下药”，才能“药到病除”，尽量避免此类现象发生。

第二，多元化并购完成后，并购标的与上市公司传统主业能否有效融合、实现协同效应和凸显“产业逻辑”？在财务效果和经营效率方面具体表现如何？实现高质量发展，经营效率是关键。所以不仅要从财务绩效视角检验并购效果，还需要将经营效率纳入并购效果分析框架，才能对高质量发展目标下上市公司多元化并购的综合效果进行全面了解。

第三，哪些因素能够对中国资本市场上的管理者防御行为发挥治理作用，具备何种特征的上市公司更能促进这种治理作用的发挥？

第四，针对如何抑制管理防御行为的发生、提高上市公司并购重组质量，以及推进并购重组市场深化改革，有哪些相应政策建议？

第三节 研究意义

一、理论意义

首先，本书以管理防御理论为基础，通过分析管理者基于防御动机做出多元化并购决策，进而影响企业财务绩效和经营效率，将管理防御理论、高阶管理理论和多元化经营理论三者结合起来研究多元化并购问题，在拓宽多元化并购影响因素和经济后果研究视角的同时，也一定程度上促进了管理防御理论的发展。

其次，本书结合我国当前的经济环境和制度背景，拟从管理者特征、上市公司内部激励和约束机制三个维度测度管理防御程度，并区分国有上市公司样本和非国有上市公司样本来分析管理防御对多元化并购的影响，构建出三者之间的理论分析框架，进一步拓展了管理防御的分析框架，丰富了相关文献。

二、现实意义

一方面，深入研究管理防御动机对企业多元化并购决策的作用机理，能够为企业采取有效手段约束管理者行为提供一定的参考依据，为管理者认识到自身行为可能导致的经济后果并在决策过程中进行约束，以及避免不良后果提供一定的现实证据。

另一方面，以我国经济由高速增长阶段转向高质量发展阶段为背景，系统分析我国上市公司多元化并购行为及后果，为上市公司盲目跨界并购找到管理防御的根源，可为遏制管理者谋私利、降低代理成本指明道路，进而有效规范上市公司的并购行为，为实现上市公司高质量发展、资本市场深化改革有序推进和中国经济顺利转型升级找到有效途径。

第四节　重要概念界定

一、管理防御

Berle 和 Means 在 1932 年对企业所有者与其代理人——管理者之间的委托—代理关系进行研究时发现，如果企业采用股权分散模式，股东会没有兴趣和能力去掌握公司控制权，因此会通过签订契约让管理者作为代理人替他们经营管理企业。于是管理者牢牢掌握了公司控制权，并利用控制权谋求私人收益。控制权收益由此产生。继 Berle 和 Means 后，学者们开始关注管理者控制权收益问题，并探索削减控制权收益的办法。研究发现，合理的内、外部控制机制是削减控制权收益的有效措施，具体包括企业内部的激励、约束机制和外部的兼并、收购和代理权竞争等。不管是兼并、收购还是解雇、撤换，对管理者而言，都意味着巨大的人力资本风险，会付出高昂的代价。因此，出于固守职位目的，管理者会想尽一切办法保全自己的职位，降低被解雇的风险，甚至不惜牺牲股东和企业的利益。Morck 和 Shleifer 等（1988）的研究发现，公司价值受到管理者持股的“堑壕防御”与“利益趋同”两种效应的综合影响，管理防御（Managerial Entrenchment）概念由此产生。Farinha（2002）也认为管理者制定企业经营决策时会更多从个人利益和偏好出发，而非从股东利益出发。Nejla（2016）以美国和法国企业为样本，发现管理者持股和企业价值之间呈现非线性关系，从侧面证实管理防御的存在性。

国内学者对于管理防御的研究起步较晚，在界定管理防御概念时，主要是借鉴国外学者的观点，认为管理防御（Managerial Entrenchment）指管理者面临激励（股权与薪酬激励）和约束（包括内部约束和外部约束，内部约束来自董事会和股东，外部约束指并购、破产等事件带来的职位威胁）时，选择有利于维护自身职位并追求自身效用最大化的行为（黄国良，2009）。本书采用这一观点，结合我国的制度背景和上市公司治理现实状况，认为这一概念蕴含三层含义。

（1）管理防御的主体是企业的总经理。国外管理防御文献中的管理者一般特指 CEO（首席执行官），但国内相关文献对管理者的界定尚未统一，主流观点认为是董事长或总经理，或两者都包含在内。本研究认为，当前我国上市公司中董事长主要掌握企业总体战略决策和经营方向，经营决策的制定和执行多由总经理负责，并购决策的制定与总经理也直接相关，所以本研究所说的管理者特指企业总经理。由于上市公司对总经理的称谓也不尽相同，有的也称为总裁或首席执行官等，在后续研究中这类职务一并称为总经理。

（2）管理防御的动机分为固守职位与最大化个人收益（包括物质收益和政治收益）两大动机。国外学者通常认为管理防御的个人收益目标主要是薪酬和在职消费。但在国内上市公司中政治关联普遍存在，尤其是国有上市公司，管理者“经济参与人”和“政治参与人”的双重身份，使他们不仅关注自身经济收益，同样关注自身政治收益。除了薪酬和在职消费最大化外，他们还可能因为获取政治身份或晋升激励的缘故，以帮助地方政府完成政绩目标（避免企业破产、降低失业率等）为目的而实施多元化并购。

（3）管理防御程度的测度主要从管理者能力特征、受到的激励和约束特征三个维度进行。实践中，管理者要同时面对来自各方面的压力和风险，他们的行为也是多因素交互作用的结果，其中既包括个人的，也包括企业内部和外部市场的；既包括宏观层面的，也包括微观个体层面的。同时，考虑研究的可计量性和计量的客观、准确性，本书将影响管理防御程度的因素划分为管理者能力特征、受到的激励和约束特征三类，从这三个维度加以量化。

二、多元化与多元化并购

由企业发展历程可知，最早的企业往往生产单一产品或执行单一经济功能，随着技术和市场的发展，企业逐渐从生产单一产品扩大到生产同系列多种产品，后又生产不同系列的多种产品，现代多运营单位的企业开始出现、成长和成熟。这种被称为“企业多元化”的现象，自20世纪三四十年代开始受到社会广泛关注，被经济学和管理学领域的学者从不同视角加以界定。

Penrose较早从多元化行为的角度，理论分析企业多元化现象。她提出多元化包括企业生产基地（Production Base）数目的扩充、最终产品种类的增加和纵向一体化程度的提高。另有一些学者从多元化状态角度对其加以分析，Gort（1962）认为，区分多元化的基本条件是生产要素和产品之间的市场需求是否可以快速转换，将多元化理解为基于不同市场的企业产品的异质性。与Gort不同，Berry（1975）、Kamein和Schwartz（1975）从产业组织理论角度，按产品行业归属界定和度量多元化。Berry以企业包含的行业数目增加来简单定义多元化。

Kamien 等提出多元化程度就是处于特定行业内的企业生产其他行业产品的程度。企业所包含的行业数根据统一的 SIC 编码很容易确定，所以他们提出的多元化概念虽简单，但实证研究的应用性较强。20 世纪 80 年代后，针对多元化定义的争论渐渐平息，到了 90 年代，西方学者们就多元化概念已经基本达成一致——多元化就是特定企业所生产的产品种类的多样化。

我国学者康荣平（1999）认为，理解多元化的要点是对相关行业和市场的界定，提出多元化经营是企业在多个行业内进行生产经营，并且面向不同市场提供不同产品。尹义省（1999）定义多元化是企业的服务或产品跨行业的成长方式或经营行为。其中企业进入其他行业称为动态多元化，强调的是一种成长方式；经营业务分布于多个行业的状态，称为静态多元化，强调的是经营行为。

考虑到实证研究中较难收集企业产品种类的信息，而获取行业信息相对容易，本研究沿用国内外实证研究中常用的多元化定义，即多元化是企业的服务或产品跨行业的成长方式或经营行为。多元化并购就是企业通过兼并、收购方式实现跨行业经营，跨行业特征是识别企业实施多元化并购的基本要素。

三、并购绩效

已有文献对并购绩效的研究主要基于股价市场反应和会计财务指标变化两方面，都未考虑并购后主并方对被并方及自身资源整合的内在表现差异。考虑到当前我国经济正处于由高速发展向高质量发展转型之际，能否实现高质量发展是衡量企业并购效果的重要因素。因此，除了传统的衡量并购市场绩效和财务绩效的指标外，本研究还将引入企业经营效率来考察多元化并购后上市公司的经济后果。经营效率能够反映出企业在资源配置、管理优化、成本降低等方面的综合水平，有助于准确考察企业并购后的核心竞争力变化和未来发展潜力，对于引导企业挖掘生产经营优势与短板，进而促进企业高质量发展具有较强指导意义。

四、经营效率

理论界目前尚未对经营效率的定义形成统一意见。樊秀峰（2011）和彭明雪（2016）等认为经营效率是企业经营过程中的成本与利润比。卢明强（2010）和邵金鸣（2021）等进一步认为经营效率是企业经营活动中投入资源与产出产品之间的比例关系。孔令成（2016）和周东升（2020）等则提出经营效率不应被限定为某一个特定的比例关系，而应是能全面地评价企业盈利能力、资产运营能力和后续发展能力等各方面效率的评价方法集合。本书认为，后者集合了前两种观点，能全面反映企业核心竞争力和未来发展潜力，揭示了直接影响企业高质量发展的关键因素，可以更加有效地衡量企业发展成果。因此，本书认为经营效率是从投入和产出的角度评价企业生产经营过程中的资源配置能力、资产运营能力和后续发展能力的综合性指标。

以往文献中大多使用企业净资产收益率、资产收益率、市盈率、市净率等财务比率作为经营效率替代指标。这些单一财务指标难以综合反映企业经营状况，而且也无法反映以多投入、多产出为主要特征的多元化经营企业的真实效率水平。因此，本书使用数据包络法（DEA）来评价多元化并购后主并企业的经营效率及其变化。企业经营效率的动态变化以 DEA-Malmquist 指数方法测算出的各种效率值来表示。

五、制度环境

制度是人类创造的社会生活中公认的行为准则与办事规则，是约束人与人之间的关系和行为的框架（North，1990）。Scott（2013）又进一步提出，制度框架不仅约束人们的行为，而且为人类行为提供支持，支配、激励和引导着人类活动。制度环境是由各种规则和条件所构成的、组织和个体必须遵循的社会经济情境和背景（Scott，1995）。制度环境有广义和狭义之分，其中广义制度环境同时包括正式环境和非正式环境两种，狭义制度环境仅指正式制度环境。正式制度环境是人类有意识地设计出来的各种市场规则、政策与法律规范等，具有强制性。非制度环境指人类在长期社会活动过程中日渐形成并被广泛认可和共同遵守的行为准则，如伦理道德、文化传统、意识形态和社会风俗等，属于软约束，不具有强制性。本书所说的制度环境特指狭义的制度环境，即正式制度环境，是人们有意识地制定出的各种规制、规范等。La Porta 等（1999）、Acemoglu 和 Johnson（2004）认为，就内容而言，对正式制度环境的认识，可以从产权环境、对投资者的保护和契约环境等不同角度出发。结合我国当前的转轨经济特征，产权环境主要指政府对企业的监管和企业产权性质；对投资者的保护主要指资本市场的监管机制，契约环境包含市场竞争状况、法治水平、企业各项规章制度等。就涉及的范围而言，制度环境可分为企业外部制度环境和内部制度环境。外部制度环境包括企业所处外部环境中的制度改革、政府监管、市场竞争以及法治水平等（夏立军、方铁强，2005）；内部制度环境是企业内部一系列契约的组合，是利益相关者承诺在未来事项处理过程中的责权利分配以及争端解决机制的安排。企业内部控制制度作为协调利益相关者关系的治理机制和制度安排，可以综合反映出企业的内部制度环境状况，是为了弥补契约不完备而产生的一种控制机制和制度安排，旨在降低企业内部交易成本和实现资源的有效配置（刘明辉、张宜霞，2002；周继军，2011）。本研究采用前人的观点，将从企业外部制度环境和内部制度环境两个视角来考察制度环境对管理防御行为的影响。

第五节　研究内容与研究方法

本研究采用规范分析与实证研究相结合的研究方法。首先，采用规范分析方法对管理防御、多元化并购等相关文献和理论基础进行回顾，结合我国当前经济环境和制度背景，将它们融合形成一个解释上市公司多元化并购的理论框架。其次，以我国上市公司为样本进行实证研究，即在大样本的基础上，通过模型的设立和拟合，利用统计方法进行分析，从而发现管理防御与上市公司多元化并购行为及其效果之间的关系。根据不同的研究内容所用的实证研究方法有所差异，本研究将遵循"假说提出—研究设计—实证检验—结果分析"的研究路径，综合采用描述性统计、参数检验、多元线性回归、调节效应检验、因子分析、事件研究法、数据包络法等方法对研究内容进行实证分析。

全书的结构安排如下。

第一章是绪论，依据现实背景提出本研究的研究目的、研究意义、研究思路和研究方法。

第二章是文献回顾和理论基础，从管理防御、多元化动因和经济后果三方面对国内外相关文献加以梳理，并对相关理论加以总结，建立本书的理论分析框架，为后续研究奠定理论基础。

第三章是管理防御与上市公司多元化并购动因研究，在理论分析的基础上形成研究假设，对样本进行描述性统计，并进行实证检验。

第四章是管理防御与上市公司多元并购效果，在理论分析的基础上实证检验管理防御对多元化并购短期市场效果、长期财务效果和经营效率的影响，并考察企业内外部制度环境因素对两者关系的调节作用。

第五章对本研究的研究结果进行回顾和总结，得出主要的研究结论，并根据结论给出相关政策建议。最后指出本研究的局限性及值得进一步研究的问题。

第二章

文献回顾和理论基础

第一节　文献回顾

一、管理防御相关研究

（一）管理防御的概念与内涵

Morck 和 Shleifer 等（1988）最早提出管理防御概念。他们以 371 家《财富》500 强公司为样本，研究发现管理者持股比例与企业价值间呈现非线形关系，认为这是因为公司价值受到管理者持股的“利益协同效应”与“管理防御效应”的共同影响。管理者持股比例较低时，公司内部对管理者的监督和约束力度较大，管理者为避免受到惩罚甚至解雇，会以股东价值最大化为决策目标，即“利益趋同”效应发挥作用。当管理者持股超过一定比例，随着管理者在公司决策中的影响力和话语权的上升，公司内部对管理者的监督和约束力度会下降，集经营权和剩余收益索取权于一身的管理者为了追求个人利益最大化，可以不惜损害股东利益和企业价值。管理防御概念被正式提出。

我国正处于经济转轨和社会转型时期，企业内外部约束机制仍不完善，第一类代理关系的存在，加上信息不对称，使得兼具经营权和剩余收益索取权的管理者会利用手中掌握的信息优势，根据自己的利益与偏好引导企业做出决策，达到防御目的。由此可知，我国目前同样存在管理防御行为滋生的温床。黄国良（2009）借鉴国外学者的观点，认为管理防御（Managerial Entrenchment）指管理者面对激励（股权与薪酬激励）和约束时选择的有利于稳固职位和最大化自身效用的行为。这里的约束包括企业内外部约束，其中内部约束来自董事会和股东，外部约束是由并购、破产等事件带来的职位威胁。白建军和李秉祥（2012）提出，在中国企业中，除了管理者面对解雇压力和外部接管威胁时的本能反应外，管理防御还包括管理者基于最大化自身效用目的而实施提高职位安全性和获取私利的行为。

管理防御是委托—代理理论框架下管理者代理问题的深化与发展。在存在代理问题和信息不对称的条件下，管理者一旦被解雇，便意味着失去控制权收益和巨大的工作转换成本，为了防止这种情况发生，他们会想尽办法稳固现有职位，衍生出防御动机，从而扭曲企业资源配置行为和冲击生产经营活动。传统的委托—代理理论将管理者视为同质性的抽象个体，对管理者异质性考虑不足。由于管理者个人特性差异的存在，即使处于同样的内外部环境中，不同的管理者也可能做出不同的战略选择（Hambrick and Mason，1984）。管理防御理论在承认管理者异质性的前提下，又进一步考虑了管理者的防御特征，从而扩展了委托—代理理论的研究内容。

（二）管理防御程度的影响因素

实践中，管理者要同时面对来自各方面的压力和风险，他们的行为也是多因素交互作用的结果，其中既包括企业内部的，也包括外部市场的；既包括宏观层面的，也包括微观个体层面的。已往文献主要将影响管理防御程度的因素划分为管理者能力特征、受到的激励和约束特征三类。

鉴于管理者能力是一个综合结果，难以用单一指标准确测量，学者们大都通过管理者的人力资本特征，如年龄、学历、工作阅历、职位任期和专业背景等加以衡量。尽管这种处理方法难以做到十分准确和全面，但作为相对准确的管理者认知模式表达工具，还是受到了广泛认可。而且高阶管理理论也认为，管理者的人口统计学特征能有效地解释企业管理结果（Hambrick and Mason，1984）。学者们的研究结果表明，年龄较大、学历较低、工作阅历少、职位任期相对长、工科专业背景和女性的管理者，因为人力资本的流动性较差，会有更强烈的防御动机，表现出更高的管理防御程度。这是因为：随着年龄的增长，管理者会更加保守，逐渐把工作重心移到确保未来职业安全和收入安全上（Carlsson and Karlsson，1970），尤其是处于职业生涯后期的临近退休或即将退居“二线”的管理者（黄国良等，2010）。管理者学历在劳动力市场上具有信号传递作用，企业会根据学历信号区分其能力（Spence，1973），同时出于“人才储备”战略的考虑，也更青睐于招聘高学历人才。随着劳动日趋专业化，社会分工越来越细，企业中的各种关系错综复杂，管理活动显得愈加重要，此时具有管理专业学习背景的管理者，可以凭借知识的通用性而降低工作转换成本（Nagarajan et al.，1995）；而具有工科背景的管理者由于知识专用性强，转换成本较高。在经理人市场上，工作阅历代表着管理者的工作经验，阅历简单的管理者往往被认为经验不够丰富，在市场竞争中不占优势，转换工作难度较大（白建军等，2012）。较长职位任期则会加大管理者对企业的控制程度，削弱内部监督，而且会使管理者形成职位心理依赖，任期越长，其认知结构也越僵化，越安于现状。另外，通常女性比男性更稳健、保守和安于现状，而且女性转换工作风险大、成本高，防御程度会高于男性（李秉祥等，2013）。

除人力资本特征外，Morck 等（1988）和李秉祥等（2013）国内外学者还将管理者持股比例作为管理防御的影响因素。管理者持股作为对管理者最主要的长期激励机制，最初的设计目的是缓解代理冲突，推动管理者与股东利益趋同。但现实证据表明，当管理者持股比例在一定区间范围内时，管理者控制权得以加强，外部市场对管理者的约束力下降，此时他们会更多地谋求个人利益最大化而偏离企业价值最大化目标，持股制度反而沦为管理防御的工具（Stulz，1988）。Morck 等（1988）发现当管理人持股比例介于 5%~25% 之间时，其决策自由度增加，有利于增加管理者自身财富和工作安全性，却不利于公司价值的提高。Hanson（2000）同样证实，持股比例在一定区间内时，管理者处于防御状态。虽然具体区间范围与 Morck 等（1988）有所差异，但也再次证明，管理者股权激励可能存在边际递减效应，持股比例在一定范围内时，激励效应可能转为管理防御效应。

另有不少学者关注企业内部监督和制衡对管理防御的影响，认为如果企业内部约束制度完善，既可削弱管理者的防御动机，又能减少管理防御行为发生的可能性。Fama 和 Jensen（1983）指出，若董事长与总经理两职合一，管理者监督自己，其行为会更加自利。这是因为，两职合一时董事会难以发挥监督作用，管理者拥有更高的自主决策权，代表了更大范围的自主行为空间和对企业内部环境的控制程度，由此固守职位和谋求私利的动机更强，管理防御程度更高（吴建祥，2019）。在职消费作为反映内部约束有效性的重要指标，同时既是管理者实施防御的主要动机，又是防御行为的具体表现（Kuhnen and Zwiebel，2008）。当管理者薪酬对企业业绩敏感性较低时，他们更容易以过度在职消费实施防御和利益侵占，由此催生管理防御动机，且通过在职消费获取的私利越大，管理防御程度越高（李秉祥等，2013）。

除以上因素外，李秉祥等（2014）还探索性地讨论了董事会规模、董事会召开次数、员工监事比例等公司内部约束机制以及企业外部的产品市场竞争程度、宏观经济环境对管理防御的影响。

（三）管理防御的测度

考虑到各国的经济、政治环境存在显著差异，为了更好评价本国公司治理质量，学者们纷纷建立了符合本国国情的管理防御测度体系。总体而言，对管理防御程度的测度大体包括契约性管理防御条款和管理者个人两条主线。

西方发达国家中管理者契约具有完备性，所以较多西方学者基于契约性条款来衡量管理防御水平。Gompers 等（2003）通过分析 IRRC 提出的 24 项公司治理条款并加以等权重赋值，计算出股东和管理层之间的权力平衡程度，由此开创了契约条款视域下的管理防御水平测度。鉴于 24 项治理条款对企业价值的影响会有差异，为弥补等权重赋值引起的偏差，Bebchuk 和 Fried（2004）又进一步从中挑选出 6 项重要的管理防御条款，以此为依据构建了防御指数。而后学者们又在此基础上先后加入管理者薪酬特征、董事会特征等来评价管理防御水平（Abe and Veld，2006）。

管理者个人视域下，Stulze（1988）最早用管理者持股比例测量管理防御水平，Pige（1999）继而提出还应充分考虑管理者人力资本特征对管理防御程度的影响。Nejla（2006）则将管理者持股与其年龄、性别、学历、任期等人口统计学特征相结合，实现了评价指标由结构层面向实质运作层面的转变。此后，考虑到企业内外部治理机制对管理者个人行为的影响，国内外学者们又陆续将治理机制变量，如经理人市场、控制权市场、董事会监督等引入，分别运用主成分分析、层次分析、CRITIC 等方法从多角度衡量管理防御程度（Faleye，2007；李秉祥等，2013；赵艳等，2018）。李秉祥、吴莹（2022）进一步考虑社会关系嵌入，从管理者的人口学特征、社会关系网络、公司治理结构和外部市场环境 4 个层次测度管理防御程度。但考虑研究的可操作性和准确性，目前国内普遍被接受的做法还是从管理者人力资本特征和企业治理结构特征两个维度，通过对具体变量赋值并加以算术平均的方法构建管理防御指数（吴建祥等，2013；陈俊杰，2018）。对各个因素给予相同权重是考虑管理防御涉及管理者内心想法，很难区分哪部分更重要。所以虽然可能存在些许误差，但理论上不会影响对管理防御行为的整体分析，不存在系统性误差。

（四）管理防御与财务政策选择

1. 筹资政策

Murphy（1985）认为管理者会为了避免公司被并购而达到一个最优负债率，以此达到固守职位的目的。Zwiebel（1996）研究发现，在信息不对称、契约不完备的环境中，防御型管理者为避免举债所带来的接管或破产威胁，会努力避免负债。KayhanAyla（2003）指出，当股票市价达到某个临界点时，管理者会选择股权融资而非负债融资。负债结构方面， Wang Hao（2011）证实企业违约风险会随着管理防御程度上升而增加，此时管理者会提高长期债务比例；张海龙和李秉祥（2010）、李秉祥和袁烨（2016）也发现管理者更倾向于长期负债，这是因为长期负债可以削弱负债对管理者防御行为的约束效果。股权融资方面，黄国良等（2007）基于中国制度经济背景发现，管理防御程度高会导致股权融资偏好；Denton 等（2011）发现管理防御程度越高，企业股权资本成本越高；李秉祥等（2011）认为管理防御水平会随着管理者能力降低而提高，此时企业更愿意使用非公开发行的股权融资方式。

2. 投资政策

Nagarajan（1995）指出固守职位是管理者进行投资决策时重点考虑的要素，他们可能为减少投资风险而选择短期投资。袁春生等（2006）认为管理者的这种防御动机也是导致中国企业投资短视的主要原因。为提高股东对其人力资本的依赖，进而达到固守职位以及提高股东对其显性报酬的支付，管理者还会倾向于多元化投资。李秉祥等（2008）研究发现管理者为迅速获得股东对其个人能力的评价，会倾向于投资项目周期短、成本回收快的项目。Jensen（1986）发现在没有好的投资机会时，掌控更多资源的管理者，为加固防御壁垒，会倾向于将现金流投资于净现值为负的项目上，而非将其分配给股东，由此导致过度投资。张海龙和李秉祥（2010）证实在中国企业中同样存在管理者为实施防御而过度投资的现象。

3. 股利分配政策

从管理防御角度来看，股利政策并非单一缓解代理问题的替代机制或管理者对公司利益的侵占，而被认为是管理者与股东之间的利益博弈：为迎合股东的股利偏好和稳固职位，管理者倾向于主动向股东支付现金股利；他们也可能为扩大控制资源的规模进而稳固职位，选择用现金流投资而减少股利发放。刘星等（2004）证明了管理者为固守职位，会依照大股东态度进行利润分配。黄娟娟等（2007）指出，大股东和管理者合谋会增加现金股利的支付次数和金额。

二、多元化并购相关研究

（一）多元化并购的动因

1. 利用剩余资源

Penrose（1959）首次提出“资源利用理论”，认为企业会因为想要充分利用闲置资源而采取多元化。根据 Penrose 的观点，企业成长到一定阶段出现多元化是正常现象。实施多元化并购的必要前提是，企业面临激烈的外部竞争及内部资源没有充分利用。实施多元化的目的是重新配置闲置资源，同时，多元化扩张过程中又会产生新的闲置资源，成为下一次扩张的动因。例如，企业一旦拥有其他企业所不具备的比较优势，就有可能通过并购活动发挥该优势。此时，如果被并购企业与该企业处于不同行业，企业就提高了多元化程度。

Teece（1980、1982）进一步补充了 Penrose 的理论。他认为，即使企业可以将闲置资源在完全有效的市场上进行转让，但知识、技术等无形资产转让或其他某些情景下，市场会失灵，此时企业必定会选择多元化战略。另外，企业资源的专用性存在差异。生物技术等强专用性资源，只有少数几个行业可以使用，带来的边际收益较高；低专用性资源虽然较多行业可以使用，但给企业带来的边际收益较低。现实中，由于企业的资源专用性具有异质性，导致它们采取的多元化模式和最优的多元化水平也不同。资源专用性较低的企业只有通过提高多元化程度才能实现利润最大化（Collis and Montgomery，1997）。Matasusaka（2001）将企业内部资源的范围进一步扩大，认为企业多种产品生产都可以运用组织能力这一资源，而多元化的目的为寻求产品生产与组织能力的最佳匹配组合。

2. 获取市场势力

与生产单一品种产品的企业不同，影响多元化企业在某个特定市场的势力的，不仅是企业在这个特定市场的相对地位，还有企业的生产范围和在其他产品市场的地位（Edward，1955）。在这一观点的基础上，后来的学者提出多元化企业可通过横向补贴和共同克制两个途径获得“联合企业势力”。前者是指通过一个产品市场获取利润，来补贴和支持其他产品市场的掠夺性定价；后者是指如果多元化企业涉及的若干个产品市场存在竞争关系，企业会意识到它们之间的共生关系，一定程度上达成“合谋”，以削弱这些产品市场上的竞争程度。Feinberg（1985）与Berger和Ofek（1995）分别验证了“共同克制假说”和“横向补贴假说”。然而，Whited（2001）以上述实证研究中指标度量存在缺陷为由，质疑“横向补贴假说”。Chevalier（1999）则认为横向补贴在并购前就已存在，不是并购后才出现在部门之间。

3. 建立内部资本市场

根据内部资本市场理论，多元化企业的价值得以提高，是因为不把鸡蛋放在一个篮子里会给企业带来更稳定的现金流，可以提高企业内部资本市场的效率。Stein（1997）将此观点模型化，指出客观存在的资源约束，使得企业从银行获取的资源有限，而使用内部资本市场筹集资金受到的约束较少，便于管理者自主地将资金配置到更有效率的部门，有利于提高企业价值。Hadlock、Ryngaert和Thomas（2001）的实证结论从侧面证实了多元化企业的“内部资本市场效率假说”的正确性。他们对641起发生于1983—1994年的季节性新股发行事件进行研究，发现虽然多元化企业和非多元化企业的新股发行公告的市场反应都显著为负，但前者的超额收益明显高于后者。由此认为，多元化企业的投资效率要优于非多元化企业。

4. 规避市场风险

Lewellen（1971）指出企业还可能因为分散资产配置和规避市场风险而实施多元化并购。他认为，对投资者来说，只要两个企业的预期收益完全正相关，并购后就可以产生一个更稳定的收入流。但这不能等同于企业多元化的收益。因为投资者通过同时持有这两个企业的股票也能达到相同效果，不一定非要有一个多元化的过程。虽然如此，企业多元化的目的仍有可能是获得资产组合。这是因为，多元化并购通过把鸡蛋放在多个篮子里，可以帮助企业规避风险，提高企业存活概率，这是企业在竞争激烈的市场环境中生存的首要目标。May（1995）提供经验证据证实了“资产组合假说”。她考察了1979—1990年发生的规模较大的并购事件，发现企业的多元化水平与股票收益的方差之间显著负相关。

5. 管理者追求私人利益

委托—代理理论的一个重要观点认为，不完备的公司治理机制会导致控股股东或管理者将多元化扩张作为获取个人利益的工具，即控股股东或管理者会利用手中的控制权，借助多元化扩张来最大化个人利益，却不顾及这种扩张是否会损害公司绩效和价值。从委托—代理理论出发，诸多学者进一步分析了管理者通过多元化谋求私利的过程。Jensen和Meckling（1976）、Jensen和Murphy（1990）发现，管理者希望以多元化扩张为契机，扩大企业规模，从而提高个人薪酬、权力和声誉。Morck、Shleifer和Vishny（1988）提出管理者可以借助多元化增加企业对自己的依赖性，提高个人价值和非分散化人力资本的风险。Rose和Shepard（1997）的经验证据表明，管理者在多元化企业获得的收益比在非多元化企业更高。Aggarwal和Samwick（2003）也证实了以上“私人收益假说”，他们发现1993—1995年的《财富》世界500强企业中，那些管理者通过多元化能谋取更多私人利益的企业具有更高的多元化程度，而且管理者也得到了更多激励。

除以上动机外，企业实施多元化的目的还可能有防御（Weston and Mansinghka，2012）、提高总体负债能力（Lewellen，1971）、提高每股盈利（Melicher and Rush，1973；Whited，2001）和税收节约（Berger and Ofek，1995）等。

（二）多元化并购的经济后果

多元化并购的经济后果一直是学术界和实务界讨论的焦点。从本质上讲，学者们是为了通过检验企业多元化的经济后果来验证不同的多元化理论。既然各个理论基于不同出发点来研究动机，由此引发的经济后果也存在显著差异，总体上可以归纳为以下三种：①多元化有助于企业创造价值（Grant，1988；Wernerfelt and Montgomery，1988；Villalonga，2000）。这些学者认为，企业可以通过多元化抵御外部风险，化解竞争威胁和实现资源共享，同时还能利用内部资本市场来突破外部融资约束。②多元化会破坏企业价值（Wulf，1998；Lamont，2002；洪道麟等，2006）。这是因为，多元化会分散企业内部有限的资源，导致协调能力下降、组织难度增加和竞争优势丧失，而且通过内部资本市场配置有限的资金容易降低投资效率和加大经营风险。③多元化对企业价值具有权变影响。Fauver（2004）等学者提出，多元化仅是经营战略和管理方式的一种，本身并无优劣。一旦企业的内部条件和外部环境成熟，多元化就可能取得成功，否则极易失败。

也有学者实证检验了多元化并购的经济后果。其中大部分学者认为，多元化并购从短期来看有一定的并购效益，但长期绩效为负。Aggarwal 等（2003）发现多元化并购产生负的超额收益，并且多发生在并购事件发生之后 5 年左右。冯根福和吴林江（2001）发现多元化并购在短期可以为企业带来一定的效益，横向并购在长期比短期优势更明显，绩效呈较为稳定的上升趋势。李善民等（2006）检验了多元化并购长期绩效影响因素，一般有政府关联程度、公司管理能力、股权结构管理资源等，并通过实证发现多元化并购并不能为公司股东带来收益，甚至会使其产生损失。洪道麟和熊德华（2006）发现，多元化并购没有为收购方带来正的长期绩效，会为其带去损失。韩忠雪和程蕾（2011）考察了多元化并购与同业并购公司的短期和长期市场回报、股权性质和股权比例之间的特征差异，结果显示：短期来看，多元化并购比同业并购的市场累计超额收益率更高；长期来看，市场年度回报率更差。盛明泉和张春强（2011）研究表明，我国企业发展与创造能力较弱，限制了企业在多元化并购后所面临的新的行业与发展问题，因而短期并购绩效会不断呈下跌趋势，但是，也可以通过各种方式提升并购绩效，主要方式有有效分配资源、协同结构组织整合、分散企业的风险等。

三、管理防御与多元化研究

大量研究表明，管理防御是企业多元化的一个重要驱动因素。Jensen（1986）、Stulz（1990）等发现企业实施多元化战略后，随着管辖的范围扩大和类型增加，管理者个人权利和地位得以提高，能够获得更多在职消费。并且通用型管理人才的身份，意味着他们转换工作的成本大大降低，可以更轻易地找到其他合适职位。此外，通过多元化分散公司整体风险，有利于削弱管理者个人的投资组合风险，多元化还能带来更稳定的现金流，为内部资本市场提供有效资金，从而减少外部市场监管资金给管理者带来的束缚（Denis et al.，1997）。国内学者袁春生（2006）、李秉祥等（2014）的实证研究都证实管理防御动机是导致国内企业非效率投资的主要原因。但投资的概念涵盖较广，他们还未能将管理防御的影响深入到企业多元化战略层面。

四、文献述评

综观上述研究可发现，学者们分别对管理防御和企业多元化并购进行了较为深入的探索，取得了富有理论价值和实践价值的成果，但由于研究问题的复杂性，还存在以下几点不足。

（1）研究框架有待拓展。除委托—代理理论外，其他传统多元化动因理论难以解释普遍出现的“多元化折价”现象，这被称为“多元化之谜”。委托—代理理论虽然可以一定程度地解释，但它对管理者异质性考虑不足，尤其是忽略了管理者防御特征。所以破解“多元化之谜”可重点考虑从管理防御视角出发。目前国内从事这方面研究的学者较少。因此，需要结合现实背景建立有中国特色的管理者防御视角下的多元化经营分析框架，在这方面开展系统研究。

（2）研究内容有待深化。虽然已有国内学者证实管理防御与投资短视、非效率投资显著正相关（袁春生、杨淑娥，2006），但投资涵盖范围较广，还有必要进一步将研究深化到并购层面，得出更准确和更有说服力的结论。尤其是 2015 年以来，在国有企业正经历一场前所未有的“并购重组大潮”的时代背景下，充分研究管理防御对多元化并购的影响，为抑制企业盲目多元化提供有效依据，成为摆在理论界和实务界面前的一个紧迫问题。目前仍非常缺乏这方面的研究。

（3）研究结论有待补充、完善。对于如何消除管理防御带来的负面影响，现有国内文献给出的结论多是文字描述，而且属于泛泛借鉴于西方的研究成果。这些在西方有效的约束机制在中国特殊的经济环境中是否适用以及约束效果如何，还缺乏经验证据加以验证。加强这方面的研究，找到约束机制的理论与现实依据，进一步补充相关研究结论，有助于形成有针对性的对策着力点。

（4）并购效果评价视角有待扩展。我国经济已由高速增长阶段转向高质量发展阶段，传统的股价、财务绩效等并购效果评价维度已无法有效衡量企业当前新阶段的发展成果。经营效率指标可以从投入和产出的角度评价企业生产经营过程中的资源配置能力、资产运营能力和后续发展能力等，为我们全面、准确考察多元化并购的经济后果提供了新的视角。事实上，企业的资源配置能力、资产运营能力和后续发展能力等是直接影响高质量发展的关键因素。由此可见，使用经营效率作为并购效果衡量指标符合当下经济转型的背景。而目前国内还鲜有文献从经营效率的角度对并购效果进行评价。

第二节　理论基础

一、经济人假说

经济人假说是西方经济学理论的基础，也是经济学研究最重要的前提假设之一。亚当·斯密（1776）最早提出经济人假说。他在《国富论》中提出："职业管理者是管理别人的钱而不是自己的钱，像照看自己的钱一样，用同样的热情，这是不可能的。"根据这个假定，人天生的自利性是一切经济行为的出发点。为进一步完善"有限理性经济人"假说，新制度经济学家从"经济人行为的有限理性假定"和"机会主义行为倾向假定"两方面对古典经济学中的经济人自利行为假定加以修正。前者是指，人的行为虽是理性的、有意识的，但这种理性有限。通过制度设计可以增强人们对环境的认知能力，从而降低交易过程和环境中的不确定性。后者是指，人具有投机取巧和最大化个人利益的行为倾向。通过制定各种制度加以约束，同时将外部性予以内在化，可以降低人的机会主义行为倾向。

但不管是"完全理性经济人"还是"有限理性经济人"，本质上都是"经济人"。管理者作为经济人，其出发点是谋取私人收益，这一定决定了他的偏好和目标函数与股东无法一致，他们总是想追求物质及精神回报最大化和风险最小化。

二、委托—代理理论

委托—代理关系广泛存在于经济、社会领域，它是生产力和生产规模达到一定阶段的产物。随着生产力的发展，分工进一步细化，权利所有者由于知识、能力和精力的原因难以像过去一样行使所有的权利；同时，专业化分工导致产生了一批代理人，他们有知识、能力和精力代表权利所有者行使被委托的权利。在此背景下，Berle 和 Means（1932）提出委托—代理理论，建议所有权和经营权相分离，企业所有者聘请专业的管理者作为自己的代理人，将经营权利委托给管理者，自己保留剩余索取权。但在委托—代理的关系当中，所有者追求的是企业价值和个人财富最大化，而管理者则追求自己的薪金报酬、在职消费和私人收益最大化，两者的偏好和目标函数不一样，必然存在利益冲突。

20 世纪 80 年代后，随着企业接管浪潮的发生，美国总体的企业多元化程度下降，与此同时，理论界也开始普遍怀疑多元化企业的效率问题，开始转向从委托—代理关系视角探讨企业的多元化动机。基于委托—代理理论，由于存在道德风险，所有者和管理者的目标不同，管理者会出于自身利益最大化的考虑而选择多元化战略。这种行为会毁损企业价值和所有者利益，是代理成本的表现。早期的委托—代理理论主要从管理者风险规避角度和多元化私人收益角度来分析企业多元化动机。前者是指，管理者为防止企业破产而导致自己失去工作以及由此引起的个人声誉下降和未来收入减少，会希望通过多元化来规避企业经营风险（Amihud and Lev，1981）。后者是指，管理者可以从管理一个更加多元化的企业中得到更多私人利益（Jensen，1986；

Stulz，1993）。

Nanda 等（1999）认为多元化决策从两个方面加深了股东与内部人之间的委托—代理难题。首先，由于多元化对管理者的个人能力提出更高的要求，缩小了企业选择合格管理者的范围，增加了企业更换管理者的成本，因此管理者更容易对多元化经营企业实施有效控制。其次，多元化使企业结构更加复杂，管理者可以掌握企业全部财务信息，而其他股东和外部投资者则只能掌握企业的部分现金流信息，因而弱化了对管理者的监督。

三、信息不对称理论

根据信息不对称理论，在开放的市场活动中，信息获取存在差异，最先获取详细信息的一方会占据优势地位，信息贫乏者必须付出成本才能获取信息，资本会向一方流动（Mirrlees and Viclcrey，1996）。因此，在信息不对称的情况下，信息优势方和劣势方往往存在利益目标上的冲突。

鉴于企业的契约性和信息价值性，管理者和股东之间的信息不对称难以避免。这种关系在企业中表现为，管理者作为企业内部人，掌控着企业的生产经营活动，能全面了解企业财务和经营状况，属于信息优势方，股东处于信息劣势方。由于存在社会分工细化和不愿付出昂贵监督成本的客观和主观原因，股东无法完全掌握企业真实的经营状况，受制于管理者。

依据发生时间的不同，可以将信息不对称划分为发生在事前的信息不对称和事后信息不对称。前者又称为“逆向选择”，即管理者出于保住自身职位不受撤换威胁或谋求个人效益最大化的目的，利用自己的信息优势，做出侵害股东利益的不端行为，管理防御活动由此产生。后者又称为“道德风险”，指股东无法判断管理者决策的真正目标是股东利益最大化还是个人利益最大化。为减少这种情况的发生，股东就会通过约束措施使管理者的目标与自己趋于一致。但管理者作为“理性经济人”，追求私利是其固有属性，于是会试图尽可能摆脱这种束缚，产生了管理者的防御行为。此时股东也会重新调整战略，如采取股权激励、赋予额外薪酬等措施。

四、企业契约理论

契约（合约、合同）一词源于法学，后被引入经济学研究。契约理论研究的是参与谛结契约的各方之间由于履行权利和义务而产生的行为和后果。企业契约是指企业所有者与资源提供者为明确双方契约关系、履行契约规定而签订的合约。Alchian 和 Demsetz（1972）认为企业就是一系列契约的集合体。完备的企业契约可以将缔约各方的积极性激发到最大，从而提高企业资源利用率和市场竞争力。

完全契约理论和不完全契约理论共同奠定了契约理论研究的基础。完全契约理论又称为最优契约理论，设定目的是确保契约双方“不越雷池”，自觉维护缔约关系，遵守道德，各自实现最优的效益产出。完全契约理论认为契约双方进行交易的长期市场环境是自由竞争市场，信息高度透明，可以预测出未来的风险，双方利益会同等满足，不存在侵害任何一方利益的状况，双方都自觉履行契约规定，按照合同承担各自的职责和义务。

然而企业处于复杂多变的市场环境中，管理者也会有不同的变化，完全契约理论所设定的理想市场环境并不客观存在，于是学者又进一步提出不完全契约理论（GHM 理论 / 格罗斯曼—哈特—莫尔理论）。不完全契约理论，承认信息产生和交换中的不完全性、不确定性以及“理性经济人”特性，认为完全契约理论中的自由竞争市场在现实中不可能长期存在。这是因为：第一，个体存在认知差异，签订契约的双方对约定事项的理解可能不完全相同，也很难做到每个细节都协商一致、面面俱到；第二，一旦合约中有歧意或有未料及事项出现，将打破契约双方的和谐，此时他们会首先考虑利用机会主义追求自身利益；第三，事物在不断发展变化，不断变化的信息到达信息使用者和信息使用者对这种变化做出反映都需要一段时间，因此不可能在签订合同时就对不断变化的信息做出准确描述，也很难对未来事项都做出合理和科学的规划（Grossman and Hart，1986）。

在不完全契约理论下，管理者希望股东能在物质和精神方面都给予自己最优报酬，作为自己每一分付出的回报。但由于信息不对称的存在和薪酬制定、考核的复杂性，导致管理者很难获得完全满意的报酬，尤其是工作状态、尽职程度、忠诚度等难以量化的心理要素，导致双方签订的契约是一个不完全契约。管理者的期望在股东那没有得到满足，就会产生管理防御动机，进而通过干涉包括多元化并购在内的决策制定来实现个人利益最大化。

五、控制权理论

Berle 和 Means（1932）指出，现代股份制公司股权分散、所有权和控制权两权分离，造成企业控制权实际落入管理者手中。由此引发各界关注公司控制权问题。根据 Berle 和 Means（1932）的定义，控制权是实际所拥有的选举董事会成员或其多数成员的权力，它不同于所有权，可以通过行使法定权利或施加压力来实现。Hart 和 Moore（1990）将企业的契约性控制权进一步划分为特定控制权和剩余控制权。特定控制权指事前已经在契约中约定不同情况下如何行使的控制权；剩余控制权指契约中未事先明确约定如何使用的权力，它是决定在最终契约所限定的特殊用途外资产如何被使用的权力。Aghion 和 Bolton(1992)将控制权分为形式控制权和实际控制权。形式控制权通常来源于所有权，指理论上谁来制定决策；实际控制权源于对信息的掌握，指现实中谁来制定决策。形式控制权和实际控制权的主体未必相同。

公司控制权不等同于所有权或经营权。控制权是能直接支配企业重要决策或对其施加重大影响的权利。拥有了这种能力，就意味着拥有企业实际控制权，可以通过直接或间接方式控制企业重大决策，从而实现自身利益。

由上可知，管理者管的不是自己的钱，而是别人的钱，这决定了他们不可能像管自己的钱一样付出同样的热情。在股权分散、两权分离的现代企业中，管理者通过契约享有董事会赋予的决策权，进而掌握了企业控制权，股东几乎没有动力和能力去拥有控制权。同时，管理者虽然拥有控制权，要为企业行为负全部责任，但无法从企业盈利中获得全部利润，即不享有全部控制权剩余收益。因此他们可能通过降低工作努力程度、增加个人津贴、配备豪华办公室等弥补个人“损失”。管理者的目标是追求个人利益最大化而非股东利益最大化，这种利益分化导致管理者和股东之间存在严重的利益冲突。管理者拥有的经营控制权和剩余收益索取权不对等，加上契约不完备和信息不对称的客观存在，使得管理者在经营决策中会产生防御行为。

综合以上理论来看，管理者作为“理性经济人”，防御是其与生俱来的特性，委托—代理关系的存在，导致不持有股权或持有部分股权的管理者与股东之间存在不可避免的利益冲突，加上管理者与股东之间信息不对称、事先订立的契约难以实现绝对完备，股东赋予其决策权而使其成为公司控制权的主体。在这些因素的共同作用下，包括多元化并购在内的企业决策难免会受到管理防御行为的影响。

第三章

管理防御与企业多元化并购动因

2015 年以来，我国开始了一场前所未有的“并购大潮”，全球第六次并购浪潮的中心也正在向中国转移。与西方企业自 20 世纪 90 年代纷纷从多元化转向归核化截然不同，多元化并购在国内并购市场上所占比例高达 45%（高燕燕等，2018）。既然诸多经验证据表明多元化并购极易引起失败，那么国内企业如火如荼地掀起多元化并购浪潮又是为何呢？我国上市公司所面临的治理监督环境有待完善，经理人市场也不够发达，客观上难以形成对管理者的有效制约，成为滋生管理防御行为的温床，导致我国上市公司普遍存在管理防御现象（黄国良，2009）。管理防御理论作为委托—代理理论的深化，在承认管理者异质性的前提下，为我们更好地解释国内企业异常热衷于多元化并购的现象提供了新视角。本章的研究目的之一是通过经验证据检验管理防御是不是多元化并购高频发生“异象”的动因之一，即管理者是否在利用多元化并购进行防御，验证“井喷”之下是否隐藏着巨大危机。另外，股权结构作为公司治理机制的基础，它的一个重要作用是抑制委托—代理冲突，甚至可能直接影响委托—代理问题存在与否（Lemmon and Lins，2003）。在中国当前的制度环境下，股权结构能否在管理者利用多元化并购进行防御的活动中发挥治理作用，何种特征的股权结构更能促进该治理作用的发挥，是本章关注的另一个问题。

第一节　理论分析与研究假设

一、管理防御对企业多元化并购的影响

管理防御理论诞生后，学者们开始认识到包括并购在内的企业财务政策选择也会更多受到管理者个人特征和目标的影响。根据管理防御理论，管理者存在固守职位和谋求私利的愿望，通过跨行业并购可以帮助他们完美地实现这些目标。这是因为，与靠自身发展进入其他行业的方式相比，多元化并购能以成本更少、效率更高的方式扩宽企业经营范围，甚至快速进入那些政策管制力度大、技术门槛高或生命周期短的行业，在分散企业经营风险的同时带来更稳定的现金流（Raghuram，2000）。管理一个多元化企业意味着提高自己的不可替代性，从而获得更高“堑壕效应”和未来职业生涯预期，以及更高的报酬、地位、权力。如果快速进入的是市场上热度高、利润高的行业，还可以迅速改善企业绩效，提升管理者短期报酬（高燕燕、黄国良，2015）。因此，作为理性经济人的管理者出于职位安全和薪酬等考虑，通常会偏好通过多元化并购实施企业多元化战略，即使这种并购会损害企业价值。

另外，国内管理者面临的内外部约束条件弱化，为管理防御行为的发生提供了温床。国内企业实际控制人的“不完全人格特征”导致内部约束较弱，恶意接管较少，以及国有商业银行的债务软约束使得国内企业面临的破产压力较小（黄国良，2009）。内外部约束条件弱

化造成管理者拥有超乎寻常的自主权，也对管理防御具有滋生作用。

综上可知，管理者有动机又有机会基于管理防御目的而实施多元化并购，即管理防御是多元化并购的动因之一。

由此提出假设 H3-1：管理防御程度对企业多元化并购具有显著正向影响。

考虑到我国产权制度背景的特殊性，国有企业和非国有企业在所处的制度环境和经营目标等方面异质性较大，导致不同产权性质的企业中管理防御行为与多元化并购的关系也会表现出较大差异性。政府和国有企业的密切关系使得国有企业一定程度上需要配合政府实现其政治目标和履行社会职能，如尽量避免破产带来的失业率上升和社会不稳定因素等，而且国有企业的高管较少采用市场化方式选择，主要由政府任免。袁春生等（2020）证实，国有企业的非经济目标和管理者任免的非市场化，会影响管理者薪酬激励效果的发挥，国有企业的内部治理机制依然不够健全，比非国有企业的委托—代理问题更突出。此外，中国资本市场建立时间较晚，不够成熟和健全，表现在与国外成熟资本市场相比法律法规完善度不够和相关部门监管不够严格。如产品市场竞争、公司控制权市场等外部治理机制仍存在一定缺陷，国有企业面临的产品市场竞争和控制权市场接管的威胁较小。以上因素造成国有企业管理者受到的内外部治理机制约束相对较弱，实施管理防御的程度也会相应提高。为固守职位、晋升职位或最大化私人收益，国有企业管理者更有可能通过操纵多元化并购决策来构建“企业帝国”、提高个人地位或谋求更高的薪酬和在职消费。而非国有企业的管理者大多是创始人本人或其家族成员，所有权和控制权的分离度较低，控股股东更有可能出于利润最大化考虑而加强对管理者的监督。因此管理者实施机会主义行为的动机和能力较小。而且，非国有企业多处于竞争激烈的行业，市场化程度较高，一旦并购活动失败，对企业的影响是致命的。因此，非国有企业管理者通过多元化并购实施防御的可能性较小。

由此提出假设 H3-2：在国有企业和非国有企业中，管理防御程度对多元化并购的影响可能存在差异。

二、股权结构的治理效应

股权结构是指股份公司总股本中，不同性质的股份所占的比例及其相互关系。股权结构直接影响公司治理中的内部监督机制，同时和公司外部治理机制相互作用，既很大程度上受公司外部治理机制的影响，又是外部治理机制发挥作用的必备条件。股权结构不合理容易造成“内部人控制”，引发管理防御现象，而合理的股权结构则能够提高公司内部治理效率，减少管理防御现象。

（一）股权集中度治理效应

股权分散时，单个股东的监督成本过高，股东行使权利的积极性会被削弱，此时管理层拥有较大的权力，管理防御行为发生的可能性上升。股权相对集中时，股东们能以较低成本采取联合行动，股东积极主义的作用得以发挥，他们有动力通过手中的表决权介入公司治理，对管理者加以监督。现有研究也证实，股东间难以协调的问题可以通过提高持股集中度加以弥补，增强其治理能力，降低代理成本（Grinstein，2005）。股权高度集中时，大股东的控制权会进一步加强，形成“合力”效应。集体行动理论认为，由于在垄断市场中选择性激励更多，人们偏向选择集体行动。股权集中度越高，大股东间协调一致的可能性越大、内部分歧越小、采取集体行动的可能性越大，由此形成“合力”（Olson，1965）。此时控股股东就会扮演领导者角色，主导公司内部治理。通过直接委派董事、委派执行董事、考核以及变更高管层等方式，提高对管理者的监督力度，从而减少管理者的防御行为。从管理者自身而言，控股股东可以直接决定其职位去留和薪水高低，所以他们为了固守职位和保护既得经济利益也极有可能会迎合控股股东，舍弃一些以自身利益最大化为目标的不合理并购行为。当然，如果管理者由控股股东委派或控股股东侵占中小股东利益时需要管理者支持与配合，为了拉拢管理者，控股股东可能给予其更大的自主权（刘少波和马超，2016），导致管理防御程度上升。但总体上控股股东对管理者的监督还是占主导地位，随着控股股东控制权的增强，其对管理者的监督动机和效果也会增强，依然可以减少管理者滥用权力和逆向选择（吴建祥，2020）而进行多元化并购。

由此提出假设 H3-3：股权集中度对管理防御与多元化并购的关系具有负向调节作用，股权集中度越高，管理防御对多元化并购的正向影响越不显著。

（二）股权制衡度治理效应

当公司有几个大股东时，控股股东以外的其他大股东也会表现出参与公司治理的积极性。为避免控股股东凭借控股权掏空企业，造成利益侵占，非控股大股东会主动监督约束控股股东的自利行为。股权制衡度显示的就是企业前几大股东间的制衡关系。股权制衡度高，意味着任何一个大股东都无法单独掌控企业决策，有利于实现互相牵制和监督的目的。非控股大股东加强对控股股东的监督与制衡，不仅可以抑制控股股东的掏空行为，而且可以防止控股股东与管理者合谋，避免管理者成为控股股东利益的代言人并由此被控股股东赋予过度的自主权。但也有学者提出，非控股大股东制衡度过高会降低决策效率并可能导致权力斗争和内耗（Maury and Pajuste，2005），影响股东对管理者的有效监督。由此可见，股权制衡度究竟如何影响管理防御还有待于进一步检验。考虑到不少学者认为制衡性大股东的制衡力度越大，控股股东的自由裁量权越小，实施自利行为的成本越大，对管理者的监督力度越大，白重恩等（2005）、张兆国等（2008）、吴秋生等（2022）也已证实非控股大股东持有股份越集中，越会加强对管理层的监督，委托—代理成本越低。据此先提出假设：非控股大股东有效发挥制衡作用，有利于完善对管理者的激励与约束机制，提高公司治理效率，使企业并购决策更加合理与科学，进而降低管理者出于防御诉求而进行多元化并购的可能性。

假设 H3-4：股权制衡度对管理防御与多元化并购的关系具有负向调节作用。股权制衡度越高，管理防御对多元化并购的正向影响越不显著。

（三）机构股东持股比例治理效应

机构股东可以有效监督管理者的原因有三方面：①机构股东有动机积极参与公司治理。机构股东持股比例较大，一时间很难在资本市场上找到合适的买家，一旦大量抛售引起股价激烈波动，甚至会对资本市场的稳定性造成负面影响，波及其持有的其他股票。所以，顾及“用脚投票”的巨大代价，机构股东投资前会慎重考察，投资后也不会轻易“离场”（李维安和李滨，2008），而是通过一定方式向控股股东和管理者施压，干预、影响企业经营决策。②机构股东集合了众多自然投资人的资金，相比较于散户拥有更多股份，话语权更强。他们通过行使投票权、提交股东议案、公开建议和私下协商等正式或非正式方式与管理者沟通，影响管理者决策。如果对管理者自利行为不满，会从自身利益出发，对企业决策发表独立意见。③机构股东在资源和专业性方面具有优势，比一般股东更加专业，知识储备和管理经验都更丰富。由此可见，机构股东参与公司治理本质是从企业外部监督管理者。现实证据也已证明，独立机构投资者可以显著限制提高董事会独立性、管理者薪酬的不合理增长以及降低管理者的在职消费（杨凌云等，2022）。

当企业面临多元化并购决策时，机构股东可以凭借自身所拥有的丰富投资经验和信息收集、分析的优势，对投资的合理性和未来收益加以判断，要求企业尽可能地投资于对未来发展具有积极意义的项目，一定程度上可避免盲目多元化的发生。也基于这个原因，机构投资者在发达国家资本市场上已成为重要的投资主体，通过积极参与公司经营管理，对企业并购、创新等产生显著正向影响（Velury and Jenkins，2006；Kenneth，2018）。

据此提出假设 H3-5：机构股东持股比例对管理防御与多元化并购的关系具有负向调节作用。其持股比例越高，管理防御对多元化并购的正向影响越不显著。

第二节　研究设计

一、样本选择与数据来源

为了解决中国上市公司股权分置这一历史遗留问题，中国政府于 2005 年 5 月 9 日开始启动股权分置改革，并于 2008 年年底基本完成。全流通改进了资本市场的资源配置功能和定价功能，股票的流动性显著增强、支付手段多样化，推动中国并购市场进入了一个新的历史时期。非流通股转为流通股之后，管理防御程度的影响因素也发生了变化：第一，上市公司不同股东的利益趋于一致，股价可以更为有效地反映公司价值，经营欠佳等导致股价低迷的管理层会面临外部收购的压力。第二，对管理者的考核指标由过去的净资产最大化转变为市值最大化，他们不再只是对上级主管部门负责，而是要对全体股东负责。第三，股权分置改革也为公司管理层实行股权激励等制度创造了条件。基于以上几方面考虑，我们认为 2009 年中国 A 股市场进入全流通时代后，并购市场发展和企业管理者的防御行为都发生了重大变化。同时考虑到 2020 年后新冠疫情对经济环境产生较大影响，本书以 2009—2019 年作为时间窗口，从 WIND 中国并购数据库中筛选出主并公司为沪深两市 A 股上市公司，并购事件首次宣告日在 2009—2019 年，并购目的为多元化经营、业务转型（此两种目的划分为多元化并购）或垂直整合、横向整合（此两种目的划分为非多元化并购），且交易已完成并发生控股权转移的并购事件作为初始样本。对一年内发生多次并购事件的主并公司，若几次并购事件目的都为多元化或都为非多元化，则通过手工筛选保留当年发生的金额最大的一次并购事件；若几次并购目的为多元化和非多元化交织，予以剔除。同时剔除了金融保险类、主要研究变量缺失、财务数据异常、并购交易金额未披露或金额为 0、处于 PT/S/ST/*ST 状态的企业，以及当年上市及研究期间内退市的企业。最终筛选出符合条件的 4370 项有效并购样本。书中数据源于 WIND、CSMAR 和 DIB 数据库，并通过手工整理获得。数据分析处理主要运用 Stata18 软件和 SPSS 软件。另外，本书对连续性变量进行了上下 1% 的 Winsorize 处理。

二、模型设计与变量选取

本书使用 Logistic 模型进行回归分析，为便于对比，首先考虑只利用控制变量建立 Logistic 回归模型，将其作为对照组，构建模型（3–1）

如下：

$$Logit(DIV_{it}) = \beta_0 + \beta_i Controls + Year + Industry + \varepsilon \quad (3-1)$$

为检验假设 H3-1，在模型（3-1）基础上加入管理防御指数作为自变量，构建模型（3-2）：

$$Logit(DIV_{it}) = \beta_0 + \beta_1 MEI_{it} + \beta_i Controls + Year + Industry + \varepsilon \quad (3-2)$$

其中，被解释变量为并购类型（DIV）。本书界定的多元化并购是指企业以收购或兼并方式实现跨行业经营，如果样本公司发布的并购公告宣称并购目的为“多元化战略”和“业务转型”，则认为属于多元化并购，赋值为 1；如果并购目的为“横向整合”和“垂直整合”，则视为非多元化并购，赋值为 0。

解释变量为管理防御指数（MEI）。目前国内企业普遍缺乏契约性的管理防御条款，难以借鉴以 Bebchuk、Cohen 和 Fried（2009）为代表的西方学者的做法，使用契约性条款衡量管理防御水平。考虑到管理者个人特征的异质性是引发管理防御程度差异的主要因素，同时转轨经济背景下不同公司对管理者的激励和约束力度差异较大，也会给其留下不同的管理防御空间，因此本书从管理者人力资本特征、企业对管理者的激励和约束三个纬度选择管理防御程度的影响因素。参考吴建祥等（2013）的测度法通过对具体变量赋值并加以算术平均的方法构建管理防御指数。对各个因素给予相同权重是考虑到管理防御涉及管理者内心想法，很难区分哪部分更重要。所以虽然可能存在些许误差，但理论上不会影响对管理防御行为的整体分析，不存在系统性误差。其中管理者指企业的总经理（总裁）。具体各测度指标的定义如表 3-1 所示。

表 3-1　管理防御指数计算变量说明

变量维度	变量名称	变量符号	变量定义
管理者能力特征	年龄	Age	>50岁取0，≤50岁取1
	性别	Gender	性别为男取0，女取1
	任期	Tenure	<5年取0，≥5年取1
	学历	Education	硕士及以上取0，硕士以下取1
	专业	Speciality	管理专业取0，非管理专业取1
	转换工作次数	Number	>3次取0，≤3次取1
公司激励机制	管理者持股比例	Share	<5%或>25%取0，在5%~25%取1
公司约束机制	两职兼任	Duality	总经理兼任董事长取1，未兼任取0
	在职消费	Perks	存在非正常在职消费取1，反之取0

注：非正常在职消费等于实际在职消费大于预估管理者正常在职消费的差额，其中实际在职消费是管理费用减去上市公司董事、监事和高级管理人员（以下简称董监高）货币薪酬、坏账准备、存货跌价准备以及无形资产摊销后的金额，预估的管理者正常在职消费根据权小峰等（2010）提出的模型得出。

考虑到主并企业的其他因素也会对多元化并购决策产生影响，模型中加入控制变量。包括主并企业并购前一年业绩（Roe）、成长性（Growth）、公司规模（Size）、财务风险（Risk）、每股自由现金流（Cash）、并购发生年内部控制水平（Internal）、独立董事比例（Inde）、企业年龄（Age），以及年度（Year）、行业（Industry）两个哑变量。

为考察股权结构在管理防御影响多元化并购过程中的治理效应，在模型（3-2）的基础上进一步加入股权结构与管理防御的交乘项，建立模型（3-3），以检验假设 H3-3、假设 H3-4 和假设 H3-5。

$$\text{Logit}(\text{DIV}_{it}) = \beta_0+\beta_1\,\text{MEI}_{it}+\beta_2\text{MEI}_{it}\times\text{STR}_{it}+\beta_3\text{STR}_{it}+\beta_i\text{Controls}+\text{Year}+\text{Industry}+\varepsilon \tag{3-3}$$

其中，STR 为股权结构相关变量。我们采用机构投资者持股比例（Fund）衡量机构持股，采用第一大股东持股比例（Concen）衡量股权集中度，采用第二至第十大股东持股数除以第一大股东持股数（Balance）衡量股权制衡度。变量定义如表 3-2 所示。

表 3-2　模型中变量定义表

变量类型	变量名称	变量符号	变量定义
被解释变量	并购类型	DIV	并购目的为“多元化战略”和“业务转型”的，赋值为1，否则为0
解释变量	管理防御指数	MEI	（Age+Sex+Ten+Edu+Pro+ Exp+Share+Dual+Perks）/9
	股权集中度	Concen	主并公司第一大股东持股比例
	股权制衡度	Balance	主并公司第二至第十大股东持股数/第一大股东持股数
	机构股东持股比例	Fund	主并公司机构股东持股比例
控制变量	公司业绩	Roe	主并公司并购前一年净资产收益率
	公司成长性	Growth	主并公司并购前一年主营业务收入增长率
	公司规模	Size	主并公司并购前一年末总资产的自然对数
	财务风险	Risk	主并公司并购前一年末财务杠杆系数
	自由现金流	Cash	主并公司并购前一年末每股自由现金流
	独立董事比例	Inde	独立董事人数/董事会人数
	内部控制水平	Internal	Ln（1+内部控制指数）
	企业年龄	Age	样本年份-企业成立年份
	年度	Year	11个年份，设10个年份哑变量
	行业	Industry	12个行业，设11个行业哑变量

注：内部控制指数来源于 DIB 内部控制与风险管理数据库。

第三节 实证过程与结果

一、描述性统计与变量相关性分析

由表 3-3 和表 3-4 的描述性统计结果可知，样本的管理防御指数（MEI）最大值为 0.8889，最小值为 0，均值为 0.4684，且各年大于均值的样本数都占六成左右，说明样本公司广泛存在管理防御行为。而各年管理防御指数及大于均值的样本数都呈上升趋势，证实管理防御程度在逐年增强，我国上市公司的管理防御行为不容乐观。为进一步比较多元化并购子样本和非多元化并购子样本两组间管理防御指数的差异，表 3-4 中进行了子样本均值比较检验。其中多元化并购子样本的平均管理防御指数为 0.4863，在 5% 的显著性水平下显著高于非多元化并购子样本中的平均管理防御指数 0.4561，初步支持假设 H3-1。就股权结构而言，子样本均值比较结果表明：多元化并购子样本的机构股东持股比例（Fund）、股权集中度（Concen）和股权制衡度（Balance）都显著低于非多元化并购子样本，意味着股权结构会对并购类型产生影响，初步支持假设 H3-3、假设 H3-4、假设 H3-5。控制变量方面，多元化并购子样本的业绩（Roe）和内部控制水平（Internal）都显著低于非多元化并购子样本，而财务风险（Risk）显著高于后者。

表 3-3　管理防御指数分年度描述性统计

年份	样本数	最大值	最小值	均值	>均值样本数（比率）	≤均值样本数（比率）
2009	302	0.6667	0	0.3876	164（54.30%）	138（45.70%）
2010	334	0.6667	0	0.3963	176（52.69%）	158（47.31%）
2011	358	0.7778	0	0.4168	188（52.51%）	170（47.49%）
2012	324	0.7778	0	0.4195	173（53.40%）	151（46.64%）
2013	396	0.7778	0	0.4187	213（53.79%）	183（46.21%）
2014	415	0.8889	0	0.4592	219（52.77%）	196（47.23%）
2015	523	0.8889	0	0.4654	280（53.54%）	243（46.46%）
2016	432	0.8889	0	0.4665	226（52.31%）	206（47.69%）
2017	541	0.8889	0	0.4671	330（61.00%）	211（39.00%）
2018	460	0.8889	0	0.4722	285（61.91%）	175（38.09%）
2019	285	0.8889	0	0.4783	177（61.95%）	108（38.05%）

表 3-4　主要变量描述性统计

Variables	极小值	极大值	均值	子样本均值比较		
				多元化并购	非多元化并购	P值
MEI	0.0000	0.8889	0.4684	0.4863	0.4561	0.044**
Concen	4.3100	89.9900	33.2654	30.8194	33.7151	0.000***
Balance	0.0148	7.1879	1.0800	1.0144	1.1148	0.034**
Fund	0.0005	98.0115	39.6119	37.1804	39.8751	0.011**
Roe	−0.1591	0.8466	0.0879	0.0758	0.0902	0.000***
Growth	−0.8778	96.0237	0.4547	0.3658	0.4711	0.292

续表

Variables	极小值	极大值	均值	子样本均值比较		
				多元化并购	非多元化并购	P值
Size	18.5927	27.1481	22.2426	22.0951	22.3070	0.014**
Risk	-5.8709	38.9887	1.3946	1.5638	1.3635	0.057*
Cash	-35.2154	10.1770	-0.3518	-0.2978	-0.3617	0.415
Inde	0.2500	0.8000	0.3775	0.3833	0.3765	0.045**
Internal	0.0000	6.7960	6.3664	6.2907	6.3803	0.094*
Age	2.0000	39.0000	18.2728	18.7759	18.1804	0.085*

注：均值比较检验采用方差非齐性条件下的T检验，***、**、*分别代表在1%、5%和10%的显著性水平下通过检验。

表3-5中汇报了各变量间的Person相关系数，除股权集中度与股权制衡度的相关系数较大外，其他各变量间的相关系数都较低。为进一步确认各变量之间不存在影响模型效果的多重共线性，本书又利用方差膨胀因子（VIF）展开共线性诊断。表3-6中的结果表明变量间的方差膨胀因子（VIF）均小于2.5，由此可推断估计结果受多重共线性的影响程度较低。

表3-5　共线性检验结果

Variables	MEI	Concen	Balance	Fund	Roe	Growth
VIF	1.033	2.465	2.184	2.414	1.110	1.019
1/VIF	0.968	0.406	0.458	0.414	0.901	0.981
Variables	Size	Risk	Cash	Inde	Internal	Age
VIF	1.387	1.071	1.034	1.013	1.023	1.118
1/VIF	0.721	0.934	0.967	0.987	0.978	0.894

表 3-6　Person 相关系数矩阵

Variables	DIV	MEI	Concen	Balance	Fund	Roe	Growth	Size	Risk	Cash	Inde	Internal	Age
DIV	1												
MEI	0.024^{**}	1											
Concen	-0.074^{***}	-0.059^{***}	1										
Balance	0.033^{*}	0.072^{***}	-0.724^{***}	1									
Fund	-0.072^{***}	-0.072^{***}	0.428^{***}	-0.232^{***}	1								
Roe	-0.083^{***}	0.003	0.171^{***}	-0.079^{***}	0.137^{***}	1							
Growth	-0.014	-0.016	0.008	0.02	-0.031	0.066^{***}	1						
Size	-0.051^{**}	-0.111^{***}	0.213^{***}	-0.138^{***}	0.454^{***}	0.104^{***}	0.011	1					
Risk	0.041^{*}	0.005	-0.028	-0.027	-0.001	-0.194^{***}	-0.017	0.123^{***}	1				
Cash	0.015	-0.005	0.042^{***}	-0.057^{***}	0.068^{***}	0.107^{***}	-0.028	-0.062^{***}	0.016	1			
Inde	0.045^{**}	0.013	0.05^{***}	-0.055^{***}	-0.021	-0.022	0.064^{***}	-0.013	0.008	-0.004	1		
Internal	-0.037^{*}	0.078^{***}	0.07^{***}	-0.04^{***}	0.037^{***}	-0.021	-0.039^{**}	0.047^{**}	-0.012^{**}	-0.015	-0.01	1	
Age	0.036^{*}	-0.115^{***}	0.019	-0.074^{***}	0.151^{***}	0.03	0.058^{***}	0.256^{***}	0.038^{*}	0.019	-0.054^{***}	-0.064^{***}	1

注：***、**、* 分别代表在 1%、5% 和 10% 的显著性水平下通过检验。

二、回归结果与分析

（一）全样本回归结果与分析

表 3-7 列示了模型（3-1）至模型（3-3）的全样本回归结果，从中可以发现：模型（3-1）中，公司业绩（Roe）与并购类型（DIV）在 1% 的水平下显著负相关，说明业绩不好的公司更有动力通过多元化寻找新的利润增长点，改善不良状况。这一结论与 Amihud 和 Lev（1981）、王生年等（2014）、Schommer 和 Richter（2019）的结论一致。公司规模（Size）对并购类型的负向影响通过 5% 的显著性检验，说明规模越小的公司越倾向于多元化并购。这可能是因为与大企业相比，中小企业自身资源相对匮乏，且常常忽略技术创新，不愿意投入大量资源用于研发活动，也就很难拥有核心竞争力。这些企业往往更愿意追捧新的热点行业，而非“深耕”原经营领域（徐业坤等，2020），由此导致经营内容和经营策略上的短期行为严重。财务风险（Risk）对多元化并购类型的正向影响在 5% 的水平下显著，说明财务风险高的公司更倾向于多元化并购。虽然依据 Markowitz（1952）提出的投资组合理论，企业通过多元化投资能分散财务风险，但随后大量学者认为多元化分散财务风险的前提条件是证券市场上的投资组合理论也同样适用于企业多元化经营领域，而事实上企业多元化的灵活性远低于股票投资多元化的灵活性，可能旧风险未分散、新风险又出现，进一步推高企业财务风险。诸多多元化导致企业破产的经验证据也证实了多元化并购并非降低企业财务风险的有效途径（Montgomery et al.，1984；刘海明等，2022）。既然多元化并购难以分散企业财务风险，那么财务风险高的企业更热衷于多元化并购显然不合常理，这从侧面证实了多元化并购可能是管理者防御的结果。独立董事比例（Inde）对企业

多元化并购具有显著负向影响，一方面因为独立董事具有监督功能，独立董事比例增加可以更有效地抑制股东和管理者的逐利行为；另一方面，可能因为独立董事具有丰富的专业知识背景，能为企业提供多领域、多角度的建议，协助股东和管理者更好地规避战略实施中的潜在风险，避免错误和效率低下的多元化并购。

模型（3-2）在模型（3-1）的基础上加入管理防御指数（MEI）自变量，管理防御指数与并购类型呈正相关关系，且在1%的水平下显著，说明管理防御程度越高，企业发生多元化并购的可能性越大，假设H3-1得到验证。相比较于同业并购，多元化并购的信息传递、并购和整合过程都更复杂，管理者能通过多种路径损害企业利益，如通过企业扩张隐藏过度在职消费而不被股东发现、制定新的薪酬制度以提高自己的薪资水平等，所以具有防御动机的管理者极易将多元化并购作为谋取私利最大化的工具。

模型（3-3）中依次加入了股权集中度（Concen）、股权制衡度（Balance）和机构股东持股比例（Fund）及各自与管理防御指数的交乘项，以考察这三个维度的股权结构要素对多元化并购中的管理防御行为是否具有抑制作用。A列股权集中度（Concen）的回归系数-0.197在5%的水平下显著为负，股权集中度与管理防御指数交乘项（MEI × Concen）的回归系数-0.017也显著为负，说明提高股权集中度会降低企业实施多元化并购的概率。这一点与Hill和Snell（2010）的研究结论相一致。股权集中度对管理防御具有负向调节作用，有助于弱化管理防御与多元化并购的正相关关系，假设H3-3得到支持。B列股权制衡度（Balance）的回归系数虽然为-0.187，但统计不显著；股权制衡度与管理防御指数交乘项（MEI × Balance）的回归系数0.203也未通过显著性检验。由此可认为，股权制衡度提高并不能显著降低企业实施多元化并购的可能性，而且股权制衡度提高并不能明显弱化管理防御与多元化并购之间的正相关关系。结论与假设 H3-4 不相符。这可能是因为：股权制衡虽然有助于在股东内部形成相互监督、相互制衡的关系，从而降低控股股东利益侵占和管理者防御行为的可能性，但股权制衡的效果取决于控股股东与非控股大股东的相对力量，股权制衡度过低或过高都不能实现权力的均衡，即股权制衡与管理防御之间呈现非线性关系。C 列中机构股东持股（Fund）的回归系数 -0.198 在 1% 的水平下统计显著，且机构股东持股与管理防御的交乘项（MEI × Fund）的回归系数 -0.034 在统计上显著，意味着机构股东持股比例的上升能明显减低企业实施多元化并购的概率，而且机构股东持股能明显弱化管理防御与多元化并购之间的正相关关系，对管理防御具有显著的负向调节作用。这一结论符合假设 H3-5 的预期，也验证了机构投资者有效监督假说在中国的适用性。

表 3-7　全样本 Logistic 回归结果

Variables	模型（3-1）	模型（3-2）	模型（3-3）		
			STR=Concen	STR=Balance	STR=Fund
			（A）	（B）	（C）
MEI		0.475^{***} （0.008）	0.429^{***} （0.005）	0.494^{***} （0.006）	0.446^{***} （0.003）
Concen			-0.197^{**} （0.028）		
MEI × Concen			-0.017^{**} （0.039）		
Balance				-0.187 （0.383）	
MEI × Balance				0.203 （0.157）	

续表

Variables	模型（3-1）	模型（3-2）	模型（3-3）		
			STR=Concen	STR=Balance	STR=Fund
			（A）	（B）	（C）
Fund					−0.198*** （0.000）
MEI × Fund					−0.034*** （0.007）
Roe	−3.808*** （0.001）	−2.562*** （0.006）	−3.572*** （0.003）	−3.984*** （0.006）	−3.641*** （0.002）
Growth	−0.020 （0.400）	0.034 （0.763）	−0.078 （0.437）	−0.041 （0.586）	−0.029 （0.652）
Size	−0.126** （0.012）	−0.187** （0.036）	−0.156** （0.032）	−0.149** （0.029）	−0.135** （0.027）
Risk	0.027** （0.011）	0.073** （0.042）	0.035** （0.018）	0.045*** （0.009）	0.054*** （0.009）
Cash	0.036 （0.439）	0.024 （0.582）	0.058 （0.471）	0.036 （0.573）	0.053 （0.437）
Inde	−2.206** （0.030）	−3.164** （0.017）	−2.569** （0.033）	−3.579** （0.042）	−2.563** （0.012）
Internal	−0.085 （0.143）	−0.094** （0.036）	−0.083** （0.047）	−0.067 （0.233）	−0.069** （0.042）
Age	0.030 （0.254）	0.069 （0.573）	0.042 （0.269）	0.054 （0.369）	0.041 （0.297）
Constant	0.595 （0.613）	0.766 （0.475）	0.596 （0.683）	0.893 （0.572）	0.644 （0.658）
Year	Control	Control	Control	Control	Control
Industry	Control	Control	Control	Control	Control
Observations	4370	4370	4370	4370	4370
Pseudo R^2	0.133	0.142	0.146	0.139	0.147

注：***、**、* 分别代表在 1%、5% 和 10% 的显著性水平下通过检验。

（二）分组样本回归结果与分析

为进一步检验国有企业和非国有企业中管理防御程度对多元化并购的影响是否存在差异，即假设 H3-2，本书将样本按照控股股东性质划分为国有上市公司和非国有上市公司两组，对其进行分组回归。表 3-8 和表 3-9 分别列示了国有上市公司样本组和非国有上市公司样本组的分组 Logistic 回归结果。

表 3-8　国有上公司样本组 Logistic 回归结果

Variables	模型（3-1）	模型（3-2）	模型（3-3）		
			STR=Concen	STR=Balance	STR=Fund
			（A）	（B）	（C）
MEI		0.572*** （0.002）	0.429*** （0. 005）	0.517*** （0.003）	0.339*** （0.001）
Concen			0.186** （0.037）		
MEI × Concen			0.056*** （0.001）		
Balance				–0.238 （0.471）	
MEI × Balance				0.305 （0.237）	
Fund					–0.198*** （0.000）
MEI × Fund					–0.034*** （0.007）
Roe	2.174** （0.013）	2.361** （0.025）	2.471*** （0.002）	3.479*** （0.007）	2.784** （0.046）
Growth	0.135** （0.032）	0.034** （0.048）	0.051** （0.059）	0.059*** （0.006）	0.049** （0.041）

续表

Variables	模型（3-1）	模型（3-2）	模型（3-3）		
			STR=Concen	STR=Balance	STR=Fund
			（A）	（B）	（C）
Size	0.335*** （0.001）	0.187*** （0.003）	0.246** （0.044）	0.276** （0.033）	0.513** （0.019）
Risk	-0.073* （0.056）	-0.069* （0.061）	-0.041 （0.248）	-0.173* （0.077）	-0.062** （0.017）
Cash	0.047 （0.418）	0.033 （0.462）	0.069 （0.582）	0.054 （0.472）	0.066 （0.593）
Inde	1.783 （0.539）	1.054 （0.178）	2.569* （0.068）	3.442** （0.039）	-2.592* （0.034）
Internal	-0.096 （0.238）	-0.088 （0.317）	-0.073 （0.059）	-0.058 （0.423）	-0.062 （0.376）
Age	0.046 （0.336）	0.057 （0.589）	0.039 （0.306）	0.063 （0.482）	0.059 （0.397）
Constant	0.662 （0.478）	0.682 （0.483）	0.716 （0.553）	0.783 （0.682）	0.884 （0.758）
Year	Control	Control	Control	Control	Control
Industry	Control	Control	Control	Control	Control
Observations	2871	2871	2871	2871	2871
Pseudo R^2	0.128	0.134	0.146	0.143	0.152

注：***、**、* 分别代表在 1%、5% 和 10% 的显著性水平下通过检验。

表 3-9　非国有上市公司样本组 Logistic 回归结果

Variables	模型（3-1）	模型（3-2）	模型（3-3）		
			STR=Concen	STR=Balance	STR=Fund
			（A）	（B）	（C）
MEI		0.385** （0.036）	0.399** （0.065）	0.526** （0.018）	0.337** （0.033）

续表

Variables	模型（3-1）	模型（3-2）	模型（3-3）		
			STR=Concen	STR=Balance	STR=Fund
			（A）	（B）	（C）
Concen			−0.264** （0.039）		
MEI × Concen			−0.237*** （0.009）		
Balance				−0.226 （0.573）	
MEI × Balance				0.539 （0.682）	
Fund					−0.238** （0.036）
MEI × Fund					−0.027*** （0.000）
Roe	−4.302*** （0.001）	−3.374*** （0.004）	−2.559*** （0.004）	−1.946* （0.076）	−3.489** （0.042）
Growth	−0.036 （0.583）	0.103* （0.063）	−0.083 （0.592）	−0.238 （0.629）	−0.159* （0.072）
Size	−0.337** （0.002）	−0.267*** （0.006）	−0.207*** （0.002）	−0.563** （0.057）	−0.551*** （0.006）
Risk	0.053** （0.037）	0.163*** （0.002）	−0.049** （0.032）	0.062*** （0.007）	0.062** （0.014）
Cash	0.104 （0.673）	0.024 （0.337）	0.103 （0.572）	−0.102 （0.659）	0.105 （0.374）
Inde	−3.472*** （0.003）	−2.175** （0.027）	−3.052* （0.073）	−2.655** （0.037）	−3.751** （0.040）
Internal	−0.184** （0.023）	−0.179** （0.049）	−0.148*** （0.006）	0.079 （0.433）	−0.063* （0.055）
Age	0.056* （0.004）	0.077 （0.276）	0.112* （0.083）	0.124* （0.058）	0.039 （0.647）

续表

Variables	模型（3-1）	模型（3-2）	模型（3-3）		
			STR=Concen	STR=Balance	STR=Fund
			（A）	（B）	（C）
Constant	0.793 （0.582）	0.593 （0.739）	0.906 （0.835）	0.659 （0.483）	0.762 （0.468）
Year	Control	Control	Control	Control	Control
Industry	Control	Control	Control	Control	Control
Observations	1499	1499	1499	1499	1499
Pseudo R^2	0.125	0.139	0.145	0.138	0.152

注：***、**、* 分别代表在 1%、5% 和 10% 显著性水平下通过检验。

由表 3-8 中模型（3-1）的回归结果可知，公司业绩（Roe）、公司成长性（Growth）和公司规模（Size）与并购类型（DIV）的相关系数分别在 5%、5% 和 1% 的水平下显著为正，说明业绩好、成长性好、规模大的国有上市公司更容易发生多元化并购。这可能是因为，一方面，在这类经营状况好的国有企业中管理者更容易过度自信，使他们低估多元化并购的风险和高估收益；另一方面，规模大、经营状况良好的国有企业也通常会被政府认为人财物资源较其他国有企业更为丰富，更有能力帮助政府实现其经济和社会目标。在政府既管企业又管社会的模式下，为了促进地方经济发展或防止企业破产而带来的地方失业率上升、社会不稳定因素增加，政府希望借助这些优质国有上市公司的力量，把地方经济做大做强，或以并购代替破产，而并购双方的业务相关性可能并不是首要考虑的问题。国有企业的管理者大多由政府直接任命，这些管理者出于稳固职位或谋求升迁的需要也会主动听从政府安排，凭借自己的影响力去说服董事会支持自己的偏好，积极实施多元化并购。基于以上两方面的考虑，国有上市公司经营状况越好、规模越大，管理者越有可能利用多元化并购挖掘“壕沟”，以此增加企业对本人的依赖，建立自己的不可替代性和进一步提高自身声望及薪酬。

对比表 3-8 和表 3-9 中模型（3-2）的回归结果可知，国有上市公司样本组的管理防御指数（MEI）与并购类型（DIV）的相关系数在 1% 的显著性水平下正相关，系数为 0.572，大于非国有上市公司样本组的管理防御指数与多元化并购的相关系数的显著性水平和系数值（0.385，5% 的显著性水平），说明国有上市公司样本组中的管理防御程度对多元化并购的影响大于非国有上市公司样本组，假设 H3-2 也得到验证。管理防御程度、股权集中度的交乘项（MEI × Concen）与并购类型（DIV）的相关系数在表 3-8 中为 0.056，在 1% 的水平下显著正相关，而表 3-9 中两者的相关系数为 -0.237，在 5% 的显水平下显著正相关，说明在国有上市公司中股权集中度会提高管理防御程度对多元化并购的影响，而在非国有上市公司中股权集中度可以削弱管理防御程度对多元化并购的影响。这可能是因为国有企业中普遍存在国有股东主体“缺位”现象，国有股东持股比例越高意味着对管理者监督越弱，管理者越有可能把多元化并购作为管理防御的工具。而在非国有企业中，随着第一大股东持股比例的提高，他们更有动力和能力去监督管理者，从而降低管理者通过多元化并购实施管理防御的可能性。

第四节 稳健性检验

一、处理效应模型

相对于多元化并购而言，管理防御并不是一个完全外生的事件。

它可能受到企业特征变量如业绩、成长性、规模等的影响，而这些因素又与多元化并购密切相关。如不考虑样本自选择偏差导致的内生性问题，会影响估计结果的准确性和可靠性）。因此我们重新使用处理效应模型（Maddala，1986）来缓解自选择偏差问题。

具体的，第一步，构建 Probit 模型（3-4）作为第一阶段模型。模型中被解释变量是管理防御的虚拟变量 DVMEI（样本的管理防御程度超过该年度所在行业的中位数，取值为1，否则为0），参考吴建祥（2019）的做法，选取实际控制人的控制权（Power）、实际控制人的现金流权（Cash-flow Right）、实际控制人委派董事席位占比（Proportion）、管理者是否由控股股东委派（Appoint）作为解释变量，企业盈利能力（Roe）、成长性（Growth）、规模（Size）、独立董事比例（Inde）、内部控制程度（Internal）、年度（Year）和行业（Industry）作为控制变量。第二步，根据上述模型计算出的逆米尔斯比率（IMR），将其带入模型（3-2）、模型（3-3）进行回归。

$$\begin{aligned} DVMEI_{it} = \beta_0 + \beta_1 Power_{it} + \beta_2\ Cash_{it} - flow\ Right_{it} + \beta_3 Proportion_{it} \\ + \beta_4 Appoint_{it} + \beta_i Controls + Year + Industry + \varepsilon \end{aligned} \quad (3\text{-}4)$$

处理效应模型回归结果如表 3-10 所示，A 列报告了第一阶段的回归结果。管理防御虚拟变量（DVMEI）显著受到实际控制人的控制权（Power）、实际控制人的现金流权（Cash-flow Right）、实际控制人委派董事席位占比（Proportion）、管理者是否由控股股东委派（Appoint）的影响，说明变量选取有效。第二阶段，将 IMR 加入模型（3-2）和模型（3-3）中分别进行检验，检验结果均显著，说明探讨管理防御与多元化并购的关系时需考虑内生性问题。在控制 IMR 的基础上，B 列中管理防御（MEI）的系数在 5% 的水平下显著为正，说明管理防御增加了企业多元化并购的可能性，假设 H3-1 得到验证；C 列中股权集中度与管理防御程度的交乘项（MEI × Concen）的系数、E 列中机构股东持股比例与管理防御程度的交乘项（MEI × Fund）的系数都在 5% 的水平下显著为负，再次说明机构股东持股增加和股权集中度提高可以一定程度地抑制管理防御与多元化并购之间的正相关关系，假设 H3-3、假设 H3-5 依旧成立。综上可见，处理效应模型的检验结果与已有结果一致。

表 3-10 处理效应模型检验

First-stage		Second-stage				
Variables	模型（3-4）	Variables	模型（3-2）	模型（3-3）		
				STR=Concen	STR=Balance	STR=Fund
	（A）		（B）	（C）	（D）	（E）
Power	-0.086** （0.045）	MEI	0.598** （0.035）	0.239** （0.036）	0.684** （0.044）	0.379*** （0.007）
Cash-flow Right	-0.053** （0.032）	Concen		-0.407** （0.028）		
Proportion	-0.167* （0.089）	MEI × Concen		-0.208** （0.033）		
Appoint	0.276** （0.024）	Balance			-0.234 （0.499）	
		MEI × Balance			0.109 （0.307）	
		Fund				-2.717*** （0.033）
		MEI × Fund				-1.398** （0.042）
		IMR	0.778*** （0.046）	-1.356** （0.087）	-2.075*** （0.029）	-0.409*** （0.031）
Controls	Control	Controls	Control	Control	Control	Control

续表

First-stage		Second-stage				
Variables	模型（3-4）	Variables	模型（3-2）	模型（3-3）		
				STR=Concen	STR=Balance	STR=Fund
	(A)		(B)	(C)	(D)	(E)
Constant	Control	Constant	Control	Control	Control	Control
Year	Control	Year	Control	Control	Control	Control
Industry	Control	Industry	Control	Control	Control	Control
Observations	4370	Observations	4370	4370	4370	4370
		Wald chi2	133.05	123.76	118.37	137.96

注：***、**、* 分别代表在 1%、5% 和 10% 显著性水平下通过检验。篇幅所限，本书不再单独列示控制变量的回归结果。

二、工具变量

现有文献和企业实践表明多元化并购与管理防御可能相互影响，存在内生性，从而导致实证结果有偏。为进一步消除内生性问题的干扰，本书同时采用工具变量法来修正内生性问题。以模型 3-2 为基准模型，通过豪斯曼检验（Hausman test）验证是否存在内生性，结果显示，chi2=3.20，prob > chi2 = 0.043，说明在 5% 的水平下存在内生性。将同年度同行业管理防御指数均值作为工具变量，通过第一阶段生成的拟合值修正原来的自变量，在第二阶段使用拟合值进行前文中模型的回归。一阶段的 F 统计量为 14.01，大于弱工具变量标准 10，因此认为工具变量有效。为稳健起见，本书同时使用对弱工具变量更不敏感的 LIML。LIML 的系数估计值与 2SLS 非常接近（见表 3-11），从侧面印证了工具变量的有效性。

表 3-11　工具变量检验结果

Variables	2SLS	LIML
MEI	0.402** （0.036）	0.404** （0.037）
Controls	Control	Control
Observations	4370	4370
Pseudo R^2	0.119	0.121
prob>F	0.008	
prob>chi2		0.008

注：***、**、* 分别代表在 1%、5% 和 10% 的显著性水平下通过检验。

三、更换被解释变量

作为“理性经济人”，从企业获得报酬的高低是管理者最关心的问题。根据高管权力假说，当管理者对企业决策有较强影响力时，他们会利用权利来提高自身薪酬水平。Florackis 等（2009）证实管理者会通过防御行为操纵其薪酬，这一结论在国内同样得到验证。当总经理薪酬远远高于其他高管的平均薪酬时，意味着其拥有更大权利，固守职位的动机也更强，即管理防御程度更高。因此本书采用总经理货币性薪酬与其他高管货币性薪酬平均值的差额作为管理防御程度的替代变量进行稳健性检验。用薪酬差距替代后所得到的回归结果（见表 3-12）与表 3-7 的结果基本相同，可见本书研究结果具有稳健性。

表 3-12　更换被解释变量回归结果

（薪酬差距作为管理防御程度的替代变量）

Variables	模型（3-2）	模型（3-3）		
		STR=Concen	STR=Balance	STR=Fund
MEI	0.369** （0.032）	0.476** （0.028）	0.376** （0.015）	0.509** （0.032）

续表

Variables	模型（3-2）	模型（3-3）		
		STR=Concen	STR=Balance	STR=Fund
Concen		−0.208* （0.059）		
MEI × Concen		−0.034** （0.037）		
Balance			−0.157* （0.059）	
MEI × Balance			0.106 （0.254）	
Fund				−0.274** （0.036）
MEI × Fund				−0.055* （0.051）
Controls	Control	Control	Control	Control
Constant	Control	Control	Control	Control
Year	Control	Control	Control	Control
Industry	Control	Control	Control	Control
Observations	4370	4370	4370	4370
Pseudo R^2	0.106	0.118	0.112	0.125

注：***、**、* 分别代表在 1%、5% 和 10% 的显著性水平下通过检验。篇幅所限，本书不再单独列示控制变量的回归结果。

四、滞后变量

由于多元化并购决策过程较一般决策更加复杂，从初步计划到对外公布可能需要较长周期，故将解释变量和控制变量滞后一期再次回归。结果表明（见表 3-13），除机构股东持股比例与管理防御交互项的系数显著性水平下降为 10% 外，其余各解释变量的系数正负与显著性水平均与主回归保持一致。

表 3-13　变量滞后一期回归结果

Variables	模型（3-2）	模型（3-3）		
		STR=Concen	STR=Balance	STR=Fund
MEI	0.542*** （0.003）	0.269*** （0.004）	0.574*** （0.005）	0.369*** （0.007）
Concen		-0.208** （0.064）		
MEI × Concen		-0.028** （0.071）		
Balance			-0.209 （0.455）	
MEI × Balance			0.196 （0.275）	
Fund				-0.296*** （0.002）
MEI × Fund				-0.029* （0.073）
Controls	Control	Control	Control	Control
Constant	Control	Control	Control	Control
Year	Control	Control	Control	Control
Industry	Control	Control	Control	Control
Observations	4370	4370	4370	4370
Pseudo R^2	0.101	0.114	0.109	0.117

注：***、**、*分别代表在1%、5%和10%的显著性水平下通过检验。篇幅所限，本书不再单独列示控制变量的回归结果。

第五节　进一步研究

股权制衡的最初目的是作为一种有效的权力分配和内部监督机制，防止控股大股东进行利益侵占和监督管理者的经营效率。股权制衡在公司治理中究竟发挥何种作用，目前学界尚未得出一致结论，关于股权制衡对管理防御的影响的研究更是缺乏。前文研究假设中，先假定股权制衡度提高能够使企业并购决策更加合理与科学，降低管理者出于防御诉求而进行多元化并购的可能性。但回归结果证实，股权制衡度提高并不能明显弱化管理防御与多元化并购之间的正相关关系。这种线性关系不显著是由于股权制衡在缓解管理防御行为方面根本无效，还是因为股权制衡在缓解管理防御行为上存在最优区间？

已有研究认为，股权制衡效果主要取决于控股股东与非控股大股东的相对力量，所以其对管理防御的影响也不能一概而论。股权制衡度较低意味着非控股大股东无法对控股股东形成有效制衡，虽然“一股独大”的控股股东对管理者仍具有监督职能，但此时也可能出现控股股东与管理者合谋侵占中小股东利益，管理者成为控股股东利益的代言人并由此被控股股东赋予过度的自主权（刘少波等，2016）。股权制衡度适度提高，能增强非控股大股东的监督能力和动机，对控股股东和管理者形成有效约束，抑制其自利行为。但股权制衡度过高又容易导致大股东之间的矛盾冲突激化，甚至出现权力斗争，形成内耗，这不仅不利于发挥股东对管理者的监督效应，还会为管理者谋取私人利益留下可乘之机，事实上造成管理者对企业的超强控制，进一步强化管理防御。由此可以推断，股权制衡对管理防御的影响可能呈U形。为进一步证实这一推论，本书建立了二者之间的非线性模型（3-5）：

$$\begin{aligned}MEI_{it} = \beta_0 + \beta_1 Balance_{it} + \beta_2 Balance_{it}^2 + \beta_i Controls + \\ Year + Industry + \varepsilon\end{aligned} \tag{3-5}$$

由表3-14的回归结果可知，在加入所有控制变量和自变量后，股权制衡度的平方项（$Balance^2$）与管理防御程度（MEI）之间的关系在的1%水平上显著为正，说明股权制衡与管理防御程度之间呈现U形关系，即适度的股权制衡能显著地抑制管理防御，而股权过度制衡则会削弱这种抑制作用。

表 3-14 股权集中度与管理防御程度关系的回归结果

Variables	MEI	MEI	MEI
Balance		0.489*** (11.934)	0.607*** (12.433)
$Balance^2$			0.089*** (4.186)
Controls	−0.179** (−2.428)	−0.063 (−0.028)	−0.165** (−2.371)
Constant	Control	Control	Control
Year	Control	Control	Control
Industry	Control	Control	Control
N	4370	4370	4370
R^2	0.047	0.225	0.245
Adjust R^2	0.039	0.208	0.227
F	7.288	36.646	37.234

注：***、**、* 分别代表在 1%、5% 和 10% 的显著性水平下通过检验。篇幅所限，本书不再单独列示控制变量的回归结果。

第四章

管理防御与企业多元化并购经济后果

管理防御对企业多元化并购的影响会最终传导到绩效上，导致不同的经济后果。已有研究通常使用股价波动和财务指标变动对并购活动的经济后果进行衡量，但两者均未考虑主并方并购后对被并方及自身资源整合的内在表现差异。因此本书对多元化并购经济后果的考量除了使用传统的股价波动和财务指标变化外，还要进一步考察多元化并购后企业经营效率的变化，以验证其对企业高质量发展的影响。本章以2009—2019年实施多元化并购的上市公司为样本，运用累计超额收益率、基于因子分析法的财务绩效得分和DEA-Malquist指数，从资本市场的短期市场绩效、长期财务绩效和经营效率三个角度来验证管理防御对企业并购经济后果的影响，为破解“多元化折价”现象提供了一定的经验证据。

第一节　管理防御与企业多元化并购短期市场反应

一、理论分析与研究假设

基于信号传递理论，多元化并购向市场传递着以下三方面的积极信号：第一，企业面临新的投资机会，可以开拓更多新市场，寻求新的利润增长点；第二，企业有信心进行更优的资源配置，充分发挥规模效应和协同效应；第三，企业认识到需要规避单一经营的风险，不把鸡蛋放在一个篮子里。西方发达国家的资本市场以机构投资者为主，他们的投资技巧、理念相对成熟，但我国资本市场上中小投资者占绝大多数，他们缺乏成熟的投资知识、理念和技巧，没有能力和机会去全面了解企业经营状况，普遍存在投机心理。而且企业内部跨行业领域庞大且复杂，从企业外部也很难弄清楚各领域的关系和风险。再加上信息不对称的客观存在，使得中小投资者很难从上市公司简短的公告中预判多元化并购是否受到管理防御动机的驱动，日后是否会引起管理效率大幅下降，以及企业能否维持核心业务的竞争优势和实现整体协调性及长远战略目标，所以他们有很大可能性被并购公告中的正面表述引导，表现出“跟政策”“跟市场”的特点。

基于上述分析，提出假设 H4-1：管理防御程度对多元化并购的短期市场表现影响不显著。

二、研究设计

（一）样本选择与数据来源

本章所使用的初始样本来源于第三章，根据研究需要进行以下筛选。

（1）剔除并购目的为“横向并购”或“垂直并购”的样本，仅保留并购目的为“多元化战略”或“业务转型”的样本。

（2）剔除并购后三年内总经理职位发生人员变更的样本。为考察管理防御对多元化并购经济后果的长期影响，需考察并购后三年内企业长期财务绩效变化和经营效率变化，如观察期内总经理职位发生人员变更，势必引起管理防御程度的较大变化，影响研究结果的准确性。

（3）剔除事件研究法窗口期内发生其他重大事件的样本。为减少其他重大事件对股票价格的影响，公司并购公告的窗口期内不得发生其他可能引起股价较大变化的事件（如其他并购、分红、配股、送股、公布年报），否则从样本中剔除。

（4）剔除长期绩效研究时所需财务数据不全或为异常值以及ST的样本公司。

最终筛选出符合条件的1794项有效样本。书中数据源于WIND、CSMAR和DIB数据库，并通过手工整理获得。数据分析处理主要运用Deap2.1、Stata18和SPSS软件。另外，本书对连续性变量进行了上下1%的Winsorize处理。

（二）模型设计与变量选取

为实证检验假设H4-1管理防御程度对多元化并购短期市场反应的影响，本书使用事件研究法计算超额收益率（Abnormal Return，AR），即并购交易公告日前后这一时期内公司的市场实际收益率R减去假定并购事件未发生的预期正常收益率E（R）和计算超额收益率的累计平均值（累计超额收益率Cumulated Abnormal Return，CAR）来评价并购事件对公司价值的影响。事件研究法的重要前提假设是资本市场有效性。虽然我国证券市场不是完全有效，但国内大量学者的实证结果证实我国的证券市场已达到弱势有效。而且随着资本市场的逐步完善和市场有效性的逐步增强，本书假定我国资本市场已经达到了弱势有效，运用事件研究法检验多元化并购的短期财务效果具有一定意义。

为了尽可能地控制其他因素的影响，计算出的累计超额收益（CAR）除了进行单因素分组检验外，还要对管理防御程度（MEI）和累计超额收益（CAR）进行横截面多元统计回归。建立的多元回归模型如下：

$$CAR_{it}=\beta_0+\beta_1 MEI_{it}+\beta_i Controls+Year+Industry+\varepsilon \qquad (4-1)$$

模型中各变量的定义如表 4-1 所示。

表 4-1　模型中变量定义表

变量类型	变量名称	变量符号	变量定义
被解释变量	并购短期市场反应	CAR	窗口期（-10，10）内样本的累计超额收益率
解释变量	管理防御指数	MEI	按第三章表3-1计算得出
控制变量	公司业绩	Roe	主并公司并购前一年的净资产收益率
	公司成长性	Growth	主并公司并购前一年的主营业务收入增长率
	公司规模	Size	主并公司并购前一年末的总资产的自然对数
	财务风险	Risk	主并公司并购前一年末的财务杠杆系数
	自由现金流	Cash	主并公司并购前一年末的每股自由现金流
	独立董事比例	Inde	独立董事人数/董事会人数
	企业年龄	Age	样本年份-企业成立年份
	年度	Year	11个年份，设10个年份哑变量
	行业	Industry	12个行业，设11个行业哑变量

三、实证过程与结果

（一）单变量检验

1. 全样本

表 4-2 和图 4-1 统计了全部样本公司的平均累计超额收益率和平

均超额收益率，在整个窗口期（-10，10）样本公司平均累计超额收益率（CAR）为 0.1546%，且统计显著，证实多元化并购短期内导致企业市场价值上升。进一步看，并购公告前第 7 个交易日已经出现正的累计超额收益率，这种上升趋势一直维持到并购公告日，在（-10，0）窗口期内平均累计超额收益率达到 0.8073%，在 1% 的水平下显著，说明并购消息普遍在公告前已经泄露，在市场上引起积极反响。从公告后第 1 个交易日平均累计超额收益率开始下降，第 1~3 个交易日超额累计亏损达到 0.2931%，第 5~10 个交易日达到 0.4476%，在 1% 的水平下统计显著，这可以用公告日后投资者认为持有该股票已经无利可图，于是大量抛售来解释。这种短期尤其是并购前的增值效应，证明多元化并购成为拥有内幕消息的人士短期投机的有利题材，并购短期价值效应是一种典型的投机价值效应。

表 4-2　全样本累计超额收益率统计检验

项目	（-10，10）	（-10，0）	（0，10）	（-2，2）
CAR（%）	0.1546***	0.8073***	-0.6527	0.3073*
T值	4.086	5.520	-1.704	2.190
P值	0.004	0.000	0.370	0.094
项目	（-5，5）	（1，3）	（5，10）	
CAR（%）	0.5151***	-0.2931	-0.4476***	
T值	3.010	-0.721	-2.954	
P值	0.003	0.267	0.000	

注：***、**、* 分别表示在 1%、5%、10% 的水平下显著。

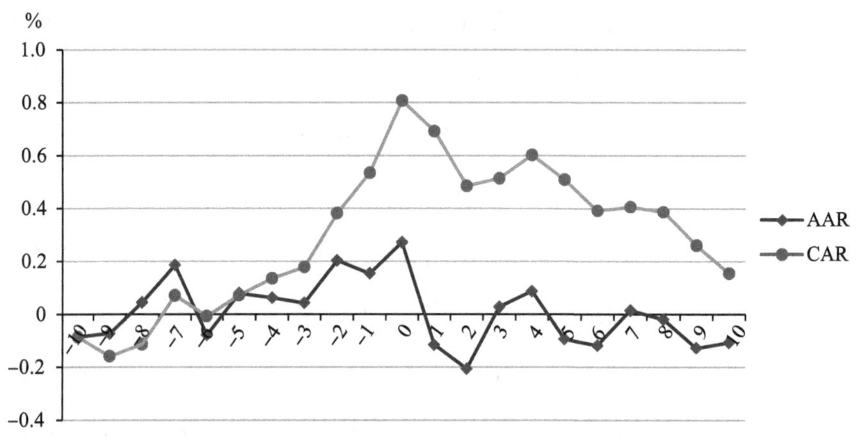

图 4–1　全样本 AAR 和 CAR 时序分布图

2. 按管理防御程度分组样本

按管理防御程度的中位数将样本分为管理防御程度较高的样本公司组（以下简称高管理防御组）和管理防御程度较低的样本公司组（以下简称低管理防御组）。由图 4–2 和表 4–3 可知，高管理防御组和低管理防御组在整个窗口期（–10，10）内分别获得 0.1348% 和 0.2084% 的累计超额收益率，且在 5% 和 1% 的水平下统计显著，显示这些公

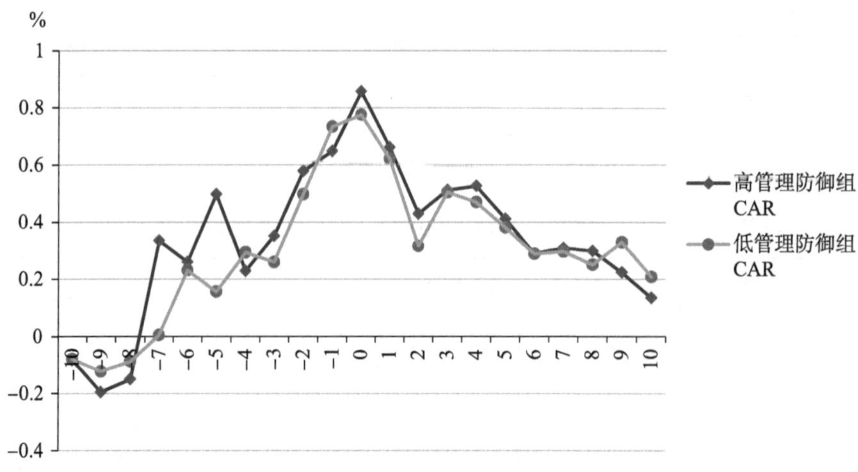

图 4–2　全样本按管理防御程度分组 CAR 时序分布图

司的多元化并购短期来看为股东创造了财富。但两者之间的差异统计上并不显著，而且除了在（–5，5）和（5，10）两个观察期内两者的差异统计显著外，其余观察期均值差统计上均不显著。由此证实，管理防御程度并不会显著影响多元化并购的短期市场反应，初步证实假设 H4–1。

表 4–3　按管理防御程度分组样本 CAR 统计检验结果

单位：%

项目	(–10, 10)	(–10, 0)	(0, 10)	(–2, 2)
高管理防御组	0.1348**	0.8575***	–0.5137	0.0781
	(2.264)	(4.472)	(–1.606)	(0.301)
低管理防御组	0.2084***	0.7751***	–0.5251	0.0566
	(3.134)	(5.932)	(–1.458)	(0.672)
均值差	–0.0737	0.0824	0.0114	0.0215
	(–1.040)	(0.203)	(1.342)	(1.430)
项目	(–5, 5)	(1, 3)	(5, 10)	
高管理防御组	0.3521***	–0.3457	–0.3915***	
	(3.265)	(0.3768)	(–8.481)	
低管理防御组	0.1503	–0.2708	–0.2610***	
	(1.011)	(–1.436)	(–4.079)	
均值差	0.2018**	–0.0749	–0.1305**	
	(2.451)	(–1.4429)	(–2.068)	

注：***、**、* 分别表示在 1%、5%、10% 的水平下显著。

（二）多元回归结果

为确认各自变量之间不存在影响模型效果的多重共线性，本书利用方差膨胀因子（VIF）展开共线性诊断。表 4–4 的结果表明变量间的方差膨胀因子（VIF）均小于 2，由此可推断估计结果受多重共线性的影响程度较低。

表 4-4 共线性检验

项目	MEI	Roe	Growth	Size	Risk	Cash	Inde	Age
VIF	1.313	1.152	1.291	1.462	1.083	1.025	1.132	1.047
1/ VIF	0.762	0.868	0.775	0.684	0.923	0.976	0.883	0.955

表 4-5 报告了模型（4-1）的多元回归结果。全样本和各分组样本中管理防御程度（MEI）与并购短期市场反应（CAR）都无显著相关关系，证实上市公司发布多元化并购公告时投资者不能判断并购是否受到管理防御影响，支持假设 H4-1。我国资本市场建立时间较短，且中小投资者占绝大多数，他们大多缺乏丰富的投资知识和成熟的投资经验。跨行业领域的复杂性和信息不对称的存在，也使得中小投资者很难厘清多元化并购的真实原因，所以他们投资时更多表现出“跟政策”和“跟市场”的特点，而难以识别管理防御在并购中的作用。

表 4-5 模型（4-1）多元回归结果

Variables	全样本	高管理防御组样本	低管理防御组样本
MEI	0.032 （1.082）	0.039 （1.050）	0.028 （1.311）
Roe	0.164*** （3.031）	0.105*** （2.936）	0.007*** （2.679）
Growth	0.086** （2.235）	0.168* （1.738）	0.081*** （2.572）
Size	0.113** （2.037）	0.213*** （4.384）	0.127** （2.302）
Risk	–0.082* （1.954）	–0.117** （2.032）	–0.006 （0.056）
Cash	0.153** （2.264）	0.212** （1.974）	0.141** （2.264）
Inde	0.062 （1.543）	0.043 （1.013）	0.108 （1.445）

续表

Variables	全样本	高管理防御组样本	低管理防御组样本
Age	0.008 (1.007)	0.032 (1.132)	0.023 (0.767)
Constant	0.031 (0.476)	0.039 (0.552)	0.032 (1.147)
Year	Control	Control	Control
Industry	Control	Control	Control
Observations	1794	897	897
F	15.638***	14.236***	16.305***
Adjusted R^2	0.096	0.089	0.094

注：***、**、* 分别代表在 1%、5% 和 10% 的水平下显著。

(三)稳健性检验

1. 以薪酬差距作为管理防御程度替代变量

采用总经理货币性薪酬与其他高管货币性薪酬平均值的差额作为管理防御程度(MEI)的替代变量，代入模型(4-1)进行稳健性检验。用薪酬差距替代后所得到的回归结果(见表 4-6)与表 4-5 的结果基本相同，说明本书的研究结果具有稳健性。

表 4-6　模型(4-1)稳健性检验结果

(薪酬差距作为管理防御程度替代变量)

Variables	全样本	高管理防御组样本	低管理防御组样本
MEI	0.023 (1.334)	0.042 (1.329)	0.033 (1.249)
Roe	0.203*** (4.112)	0.187*** (3.638)	0.039*** (2.981)
Growth	0.127** (2.252)	0.175* (1.849)	0.106*** (3.275)
Size	0.103** (1.937)	0.283*** (3.349)	0.166** (2.460)

续表

Variables	全样本	高管理防御组样本	低管理防御组样本
Risk	-0.078* （1.847）	-0.204** （2.185）	-0.089 （0.904）
Cash	0.146** （2.341）	0.316* （2.049）	0.189** （2.377）
Inde	0.009 （1.372）	0.053 （0.981）	0.135 （1.506）
Age	0.109 （1.228）	0.058 （1.374）	0.033 （0.898）
Constant	0.059 （0.792）	0.067 （0.663）	0.056 （1.042）
Year	Control	Control	Control
Industry	Control	Control	Control
Observations	1794	897	897
F	12.729***	12.568***	12.451***
Adjusted R^2	0.087	0.092	0.086

注：***、**、* 分别代表在 1%、5% 和 10% 的水平下显著。

2. 改变事件研究法观察期窗口

将事件研究法的观察期窗口由（-10，10）改为（-5，5），计算得出累计超额收益（CAR）并进行稳健性检验。用重新计算得出的 CAR 作为被解释变量后所得到的回归结果（见表 4-7）与表 4-5 结果基本相同，可见本书的研究结果具有稳健性。

表 4-7 模型（4-1）稳健性检验结果

（改变被解释变量观察期窗口）

Variables	全样本	高管理防御组	低管理防御组
MEI	0.045 （1.327）	0.042 （1.263）	0.039 （1.266）

续表

Variables	全样本	高管理防御组	低管理防御组
Roe	0.263*** (4.302)	0.236*** (4.032)	0.229*** (3.893)
Growth	0.097** (2.367)	0.105* (1.844)	0.094** (2.438)
Size	0.094** (2.148)	0.103** (2.065)	0.136** (2.208)
Risk	-0.109* (1.863)	-0.132** (2.157)	-0.096 (0.133)
Cash	0.189*** (3.372)	0.212** (2.038)	0.194** (2.375)
Inde	0.106 (1.489)	0.098 (1.326)	0.116 (1.337)
Age	0.064 (1.236)	0.055 (1.321)	0.059 (0.892)
Constant	0.027 (0.563)	0.021 (0.439)	0.058 (0.652)
Year	Control	Control	Control
Industry	Control	Control	Control
Observations	1794	897	897
F	11.329***	11.236***	10.948***
Adjusted R^2	0.086	0.082	0.077

注：***、**、* 分别代表在 1%、5% 和 10% 的水平下显著。

第二节　管理防御与企业多元化并购长期业绩

一、理论分析与研究假设

根据行为金融理论，多元化并购是内部人在个人利益和公司价值之间权衡后采取的战略行为，作为“理性经济人”，当并购能为自身带来更大利益时，他们宁愿选择牺牲股东利益进行投资。管理防御理论也认为，管理者会为降低失去职位的风险或追求私人收益最大化而违背股东财富最大化原则。通过多元化并购，管理者可以构建个人的“企业帝国”、提高个人地位带来更丰厚的个人收益，因此多元化并购可能成为管理防御的工具。这种出发点“不纯”的多元化并购失败率会大大上升，不仅不会带来股东价值最大化，而且会使企业经营大大复杂化，长期来看必定会损害企业绩效，造成股东财富缩水。同时，要想充分发挥多元化并购带来的协同效应，继而提高企业经营能力与财务业绩，需要长期持续的资金投入（夏芸等，2020）。管理者出于防御动机而实施多元化并购，其出发点本身就是个人利益而非股东财富和企业长远发展，所以在并购谈判及后续整合过程中，不可避免地会有短视行为，重外部资产的获取，轻并购后的整合。这也不利于发挥多元化并购的积极作用，极易引起“多元化折价”现象。

基于上述分析，提出假设 H4-2：管理防御程度会显著负向影响多元化并购后的长期财务绩效。

根据上一章的分析，国有企业中管理防御程度对多元化并购的影响比非国有企业更显著。在两种性质的企业中，管理防御程度对并购后长期绩效的影响是否也存在异质性?

政府既管社会又管企业的双重身份，使得它为了完成经济效益和政治考核目标，更有可能动用与国有企业之间天然的“父子关系”。而国有企业的管理者多由政府直接任命，为迎合政府以实现固守职位的目标，他们也愿意配合政府以并购代替破产，而与被并企业业务的关联性和由此给企业长远发展带来的影响难以成为主要考量因素。这种情况下发生的多元化并购，往往给企业带来沉重的政策负担，极易对长期绩效造成负面影响。非国有企业的管理者经过市场化选聘而产生，一旦企业业绩不好，面临的解雇风险更大。所以即使他们基于防御动机而实施多元化并购，也会殚精竭虑地加强整合和经营，以求帮助股东实现价值创造，获得股东的认可。

由此提出假设 H4–3：在国有企业和非国有企业中，管理防御程度对多元化并购长期绩效的影响可能存在差异。

二、研究设计

为实证检验假设 H4–2、H4–3 中管理防御程度对多元化并购长期业绩的影响，除了进行单因素分组检验外，为了尽可能控制其他因素的影响，我们还构建了如下多元回归模型进行分析：

$$Performance=\beta_0+\beta_1 MEI_{it}+\beta_i Controls+Year+Industry+\varepsilon \quad (4\text{–}2)$$

模型中被解释变量并购长期业绩（Performance）根据并购前一年年末的指标体系运用因子分析法提取并购前的绩效综合得分 Per_{-1}，根据并购后三年绩效得分的均值提取并购后的绩效综合得分 $\overline{Per_{1-3}}$，$Performance=\overline{Per_{1-3}}-Per_{-1}$。

三、实证过程与结果

（一）多元化并购长期绩效得分计算

与事件研究法常用于衡量并购后的短期绩效相对应，会计指标研究法一般用于衡量并购后的中长期绩效。会计指标研究法运用企业单一的关键财务指标（如净资产收益率、每股收益、每股现金流量、资产周转率等）或财务指标体系来评价公司的经营绩效，比较并购前后绩效的变化，反映并购对公司绩效的影响。从企业多元化并购的动机和原因来看，只有部分是为了提高利润指标，有的企业是为了降低交易费用、消除市场外部性和交易不确定性导致的机会主义行为，其更多地考虑企业经营的安全性和稳定性，并不是单纯为了企业利润，其并购的长期绩效也不能完全用利润指标来衡量。而且为了避免单一财务指标受人为操纵，本书拟采用因子分析法计算样本因子综合得分，构建一个综合绩效指标来衡量多元化并购的长期绩效。因子分析法在多种指标变量中寻找内在的相关性，继而提取具有整体代表性的少量因子，赋予各自相应权重进行加权计算得到综合评价得分，可以较为直观地从综合评分中分析企业的财务绩效。而且因子分析法能够通过获取的财务指标对整体数据进行最大限度的简化处理，而旋转因子载荷矩阵可以消除人为因素对分析结果的影响。

1. 因子分析的基本思想

因子分析是20世纪最早诞生于心理学领域的多变量技术，首先运用于人类行为研究，之后逐渐扩展到管理、经济、教育等多个领域。因子分析旨在利用降维的思想，把多指标转化为少数几个综合指标。

假设有n个变量X_1，X_2，……，X_n，利用因子分析法的思想如下：

（1）对原始变量加以标准化，使每个变量平均值等于0，方差等于1，以消除量纲不同引起的不合理影响。

（2）提取因子并求解因子载荷矩阵。计算出标准化样本的相关矩阵T。仍用X表示标准化后的数据，则相关系数$R_{ij} = \frac{1}{n-1}\sum_{t=1}^{n} x_{ti}x_{tj}(i, j = 1, 2, \cdots\cdots n)$。

计算相关矩阵T的特征值与特征向量。由特征向量λ_1，n，……，λ_n得到反映公司财务绩效的因子F_1，F_2，……，F_n，F_i也是X_1，X_2，……，X_n的线性组合：

$$\begin{cases} F_1 = \alpha_{11}X_1 + \alpha_{12}X_2 + \cdots\cdots \alpha_{1n}X_n \\ F_2 = \alpha_{21}X_1 + \alpha_{22}X_2 + \cdots\cdots \alpha_{2n}X_n \\ \cdots\cdots \\ F_n = \alpha_{n1}X_1 + \alpha_{n2}X_2 + \cdots\cdots \alpha_{nn}X_n \end{cases}$$

F_1 是 X_1，X_2，……，X_n 线性组合中方差最大者，最能代表指标的综合经济意义，在综合评价模型中影响作用最大，F_1，F_2，……，F_n 的影响力按从大到小排序，让原来 p 个指标所包含的 n 个个体的综合指标值的差异尽可能大，以尽量减少综合指标的数目，且各综合指标之间相关，求出的因子载荷矩阵就是上述模型的系数。在实际应用中通常只保留前几个方差较大的综合因子，而将方差很小的综合因子予以剔除，保留的综合因子累计方差贡献率要达到 85% 以上，以实现用尽可能少的因子反映尽可能多的信息。

（3）载荷矩阵分析。由于各指标之间具有相关性，需要去除指标之间的多重共线性。采用因子分析法以降维为目的，用较少的综合指标荷载存在于各指标中的信息，这些荷载全部信息的指标能反映出在综合业绩中起支配作用的因素。

（4）计算因子得分和综合得分。原各变量值的加权总和就是因子得分，权数的大小反映变量对因子的重要程度。本书对因子得分系数的估计用最小二乘回归法。最后根据计算得到的因子得分和因子方差贡献率计算出综合得分函数。

2. 绩效指标的选取及数据处理

（1）绩效指标的选取。为了综合评价样本公司实施多元化并购的长期绩效，本书遵循科学性、客观性、全面性和可操作性等一般性选取原则，同时考虑到过多的评价指标有时并不能简化成少数的共性指标，还可能会导致 KMO 值过低的情况，因此从盈利能力、发展能力、偿债能力和营运能力 4 个维度综合选取了 12 个指标，具体见表 4-8。

表 4–8　因子分析变量选择表

指标类型	指标名称	变量符号	单位	指标性质
偿债能力指标	速动比率	X_1	%	适度指标
	流动比率	X_2	%	适度指标
	资产负债率	X_3	%	适度指标
获利能力指标	净资产收益率	X_4	%	正向指标
	营业利润率	X_5	%	正向指标
	成本费用利润率	X_6	%	正向指标
发展能力指标	资产保值增值率	X_7	%	正向指标
	固定资产增长率	X_8	%	正向指标
	总资产增长率	X_9	%	正向指标
	每股净资产增长率	X_{10}	%	正向指标
运营能力指标	流动资产周转率	X_{11}	次	正向指标
	总资产周转率	X_{12}	次	正向指标

（2）数据处理。在进行因子分析具体步骤前，为了使得到的结果更加科学和准确，我们需要首先将各项财务数据进行同向化处理，所采用的正向化公式为：$X' = 1/(1 + |A - X|)$。

在本书所选取的评价指标中，所需要正向化的指标为流动比率和资产负债率，其中资产负债率的标准值为 0.5，流动比率的标准值为 2，速动比率的标准值为 1。在所有指标正向化后，由于每个指标的单位和数量级并不统一，本书采用最常见的 Z–Score 标准化的处理方式来消除量纲。

3. 分析步骤

（1）KMO 和 Bartlett 检验。进行因子分析前先要检验因子分析的适用性，本书使用 KMO 和 Bartlett 检验对 1794 个样本的 12 个财务指标进行检验，来验证因子分析的适用性。KMO 检验变量之间的偏相关性，统计量取值在 0~1 之间，数值越大，说明因子分析的方法越适用。实际使用中，统计量在 0.7 以上时一般认为使用因子分析效果较好，在 0.5 以下则不适用。Bartlett 检验以变量的相关系数矩阵为出发点，检验相关系数矩阵是否是单位阵，若拒绝原假设，说明变量的相关系数矩阵不是单位阵，适用因子分析。

如表 4–9 所示，并购前 1 年（Y_{-1}）、并购当年（Y_0）、并购后第 1 年（Y_1）、并购后第 2 年（Y_2）、并购后第 3 年（Y_3）和并购后三年平均（Y_{1-3}）的 KMO 值均大于 0.6，且 Bartlett 相伴概率均为 0.0000，所以我们认为各年样本都适合进行因子分析。

表 4–9　样本公司并购前后财务业绩得分的 KMO 和 Bartlett 检验

项目		Y_{-1}	Y_0	Y_1	Y_2	Y_3	Y_{1-3}
KMO		0.751	0.732	0.738	0.743	0.726	0.698
Bartlett 的球形度检验	近似卡方	8673.12	8093.25	8473.26	7639.16	7894.48	7539.43
	df	78	78	78	78	78	78
	Sig.	0.0000	0.0000	0.0000	0.0000	0.0000	0.0000

（2）求特征值、特征向量和贡献率。根据表 4–10 中特征值和贡献率计算结果，前 5 个因子的累计方差贡献率分别达到 88.765%、83.800%、80.932%、78.151%、79.354% 和 77.326%，达到了较高的解释水平，本书提取前 5 个主成分的因子载荷量，构造公司的综合业绩变量 Per，Per 是各绩效综合因子的线性组合。构建的综合绩效模型如下。

并购前一年：$Per_{-1} = 0.27716F_1 + 0.20043F_2 + 0.18032F_3 + 0.14147F_4 + 0.08827F_5$

并购当年：$Per_0 = 0.24396F_1 + 0.20893F_2 + 0.15462F_3 + 0.11926F_4 + 0.11776F_5$

并购后第一年：$Per_1 = 0.23196F_1 + 0.18493F_2 + 0.14175F_3 +$

$0.15306F_4 + 0.09762F_5$

并购后第二年：$Per_2 = 0.21558F_1 + 0.18932F_2 + 0.13049F_3 + 0.13821F_4 + 0.10791F_5$

并购后第三年：$Per_3 = 0.22365F_1 + 0.18158F_2 + 0.14936F_3 + 0.13501F_4 + 0.10394F_5$

并购后三年平均：$Per_{1-3} = 0.21947F_1 + 0.16516F_2 + 0.16037F_3 + 0.11921F_4 + 0.10905F_5$

表 4-10 解释的总方差

时间	成份	初始特征值			提取平方和载入			旋转平方和载入		
		合计	方差的（%）	累计（%）	合计	方差的（%）	累计（%）	合计	方差的（%）	累计（%）
Y_{-1}	1	3.426	29.473	29.473	3.426	29.473	29.473	3.271	27.716	27.716
	2	2.843	25.326	54.799	2.843	25.326	54.799	2.682	20.043	47.759
	3	1.994	14.801	69.600	1.994	14.801	69.600	1.807	18.032	65.791
	4	1.523	11.061	80.661	1.523	11.061	80.661	1.492	14.147	79.938
	5	1.478	8.104	88.765	1.478	8.104	88.765	1.356	8.827	88.765
Y_0	1	3.284	24.663	24.663	3.284	24.663	24.663	2.983	24.396	24.396
	2	2.783	21.157	45.820	2.783	21.157	45.82	2.579	20.893	45.289
	3	1.932	15.663	61.483	1.932	15.663	61.483	1.822	15.462	60.751
	4	1.458	13.259	74.742	1.458	13.259	74.742	1.579	13.083	73.834
	5	1.326	9.058	83.800	1.326	9.058	83.800	1.268	9.966	83.800
Y_1	1	2.987	24.3268	24.327	2.987	24.3268	24.3268	2.753	23.196	23.196
	2	2.652	21.043	45.370	2.652	21.043	45.3698	2.471	18.493	41.689
	3	1.792	15.156	60.526	1.792	15.156	60.5258	1.589	14.175	55.864
	4	1.694	11.337	71.863	1.694	11.337	71.8628	1.818	15.306	71.170
	5	1.335	9.069	80.932	1.335	9.069	80.9318	1.264	9.762	80.932

续表

时间	成份	初始特征值			提取平方和载入			旋转平方和载入		
		合计	方差的（%）	累计（%）	合计	方差的（%）	累计（%）	合计	方差的（%）	累计（%）
Y_2	1	2.843	23.902	23.902	2.843	23.902	23.902	2.348	21.558	21.558
	2	2.569	21.547	45.449	2.569	21.547	45.449	2.359	18.932	40.49
	3	1.834	13.105	58.554	1.834	13.105	58.554	1.714	13.049	53.539
	4	1.632	10.076	68.63	1.632	10.076	68.630	1.557	13.821	67.36
	5	1.565	9.521	78.151	1.565	9.521	78.151	1.342	10.791	78.151
Y_3	1	2.765	24.041	24.041	2.765	24.041	24.041	2.527	22.365	22.365
	2	2.361	19.159	43.200	2.361	19.159	43.2	2.168	18.158	40.523
	3	1.896	15.164	58.364	1.896	15.164	58.364	1.7757	14.936	55.459
	4	1.557	11.337	69.701	1.557	11.337	69.701	1.436	13.501	68.96
	5	1.147	9.653	79.354	1.147	9.653	79.354	1.007	10.394	79.354
Y_{1-3}	1	2.703	23.146	23.146	2.703	23.146	23.146	2.587	21.947	21.947
	2	1.847	17.553	40.699	1.847	17.553	40.699	1.783	16.516	38.463
	3	1.783	15.042	55.741	1.783	15.042	55.741	1.652	16.037	54.5
	4	1.582	12.539	68.280	1.582	12.539	68.28	1.448	11.921	66.421
	5	1.338	9.046	77.326	1.338	9.046	77.326	1.309	10.905	77.326

（3）建立因子载荷矩阵。为了方便对公共因子进行解释，按照方差最大法对正交旋转矩阵进行旋转[①]，得到经标准化处理后的前 5 个主成分的载荷矩阵，见表 4-11 至表 4-16。从中可以看出，通过因子旋转，因子载荷发生了变化。

① 旋转方法：Varimax with Kaiser Normalization。

表 4-11　并购前一年（Y_{-1}）方差最大旋转后的因子结构

指标	因子				
	1	2	3	4	5
流动比率（X_1）	−0.018	0.965	0.110	−0.030	0.032
速动比率（X_2）	−0.001	0.965	0.116	−0.019	0.021
资产负债率（X_3）	−0.103	−0.63	−0.273	0.132	0.136
净资产收益率（X_4）	−0.013	0.019	0.831	0.235	0.031
营业利润率（X_5）	−0.018	0.181	0.914	−0.102	−0.029
成本费用利润率（X_6）	−0.039	0.417	0.818	−0.156	0.056
资本保值增值率（X_7）	0.995	0.021	−0.006	0.026	0.030
固定资产增长率（X_8）	0.021	−0.043	0.032	−0.034	0.990
总资产增长率（X_9）	−0.974	−0.015	0.065	0.005	0.055
每股净资产增长率（X_{10}）	0.985	0.034	0.018	0.043	0.049
流动资产周转率（X_{11}）	0.037	−0.137	0.056	0.929	−0.038
总资产周转率（X_{12}）	0.018	−0.011	−0.044	0.954	0.001

表 4-12　并购当年（Y_0）方差最大旋转后的因子结构

指标	因子				
	1	2	3	4	5
流动比率（X_1）	0.010	0.972	−0.075	−0.042	0.037
速动比率（X_2）	0.008	0.958	−0.051	−0.039	0.036
资产负债率（X_3）	−0.005	−0.476	0.039	0.681	−0.227
净资产收益率（X_4）	−0.034	0.085	0.027	0.816	0.234
营业利润率（X_5）	0.007	−0.049	0.044	0.106	0.867
成本费用利润率（X_6）	0.135	0.403	−0.057	−0.156	0.621
资本保值增值率（X_7）	0.920	0.032	0.046	−0.097	0.139
固定资产增长率（X_8）	0.413	0.025	−0.070	0.074	−0.157
总资产增长率（X_9）	0.913	−0.032	−0.011	0.086	0.009
每股净资产增长率（X_{10}）	0.758	0.016	0.088	−0.264	0.234
流动资产周转率（X_{11}）	0.005	−0.129	0.915	0.001	0.044
总资产周转率（X_{12}）	0.008	−0.013	0.929	0.048	−0.036

表 4-13 并购后第一年（Y_1）方差最大旋转后的因子结构

指标	因子				
	1	2	3	4	5
流动比率（X_1）	0.956	0.042	0.008	−0.043	0.055
速动比率（X_2）	0.967	0.032	−0.022	−0.024	0.053
资产负债率（X_3）	−0.617	0.072	−0.251	0.085	0.172
净资产收益率（X_4）	0.113	0.146	0.785	0.132	0.096
营业利润率（X_5）	−0.047	−0.016	0.775	0.032	−0.032
成本费用利润率（X_6）	0.474	0.077	0.546	−0.132	0.078
资本保值增值率（X_7）	0.020	0.963	0.085	0.054	0.108
固定资产增长率（X_8）	−0.024	−0.097	−0.051	−0.037	0.855
总资产增长率（X_9）	0.013	0.335	0.147	0.136	0.681
每股净资产增长率（X_{10}）	−0.017	0.856	0.083	0.042	0.008
流动资产周转率（X_{11}）	−0.115	0.047	0.076	0.964	−0.015
总资产周转率（X_{12}）	−0.025	0.048	−0.006	0.984	0.037

表 4-14 并购后第二年（Y_2）方差最大旋转后的因子结构

指标	因子				
	1	2	3	4	5
流动比率（X_1）	0.985	0.013	−0.083	0.036	0.027
速动比率（X_2）	0.861	0.034	−0.027	0.015	0.053
资产负债率（X_3）	−0.627	−0.018	0.025	−0.406	0.103
净资产收益率（X_4）	−0.062	0.013	0.069	0.366	0.115
营业利润率（X_5）	0.067	0.234	0.036	0.763	−0.104
成本费用利润率（X_6）	0.312	0.082	−0.138	0.572	0.103
资本保值增值率（X_7）	0.032	0.873	0.045	0.137	0.206
固定资产增长率（X_8）	0.004	0.101	0.007	0.101	0.975
总资产增长率（X_9）	−0.033	0.403	0.026	0.104	0.837
每股净资产增长率（X_{10}）	0.032	0.900	0.049	0.110	0.050
流动资产周转率（X_{11}）	−0.137	0.052	0.871	0.065	−0.022
总资产周转率（X_{12}）	−0.018	0.046	0.955	−0.041	0.052

表 4–15 并购后第三年（Y_3）方差最大旋转后的因子结构

指标	因子				
	1	2	3	4	5
流动比率（X_1）	0.925	0.021	–0.116	0.038	0.057
速动比率（X_2）	0.965	0.016	–0.049	0.057	0.068
资产负债率（X_3）	–0.560	0.173	–0.041	–0.129	0.433
净资产收益率（X_4）	0.032	0.128	0.066	–0.112	0.874
营业利润率（X_5）	0.023	–0.062	–0.045	0.863	0.066
成本费用利润率（X_6）	0.257	–0.046	–0.079	0.692	–0.443
资本保值增值率（X_7）	–0.041	0.9887	–0.032	–0.056	0.033
固定资产增长率（X_8）	0.102	–0.011	–0.035	–0.058	–0.056
总资产增长率（X_9）	0.066	–0.032	0.047	0.615	0.137
每股净资产增长率（X_{10}）	–0.046	0.904	–0.031	–0.084	0.033
流动资产周转率（X_{11}）	–0.126	–0.017	0.864	–0.037	–0.053
总资产周转率（X_{12}）	–0.007	–0.01	0.958	–0.028	0.047

表 4–16 并购后三年平均（Y_{1-3}）方差最大旋转后的因子结构

指标	因子				
	1	2	3	4	5
流动比率（X_1）	0.367	0.032	0.04	–0.003	–0.059
速动比率（X_2）	0.358	0.046	0.051	–0.033	–0.100
资产负债率（X_3）	–0.239	0	–0.046	0.154	–0.033
净资产收益率（X_4）	–0.049	–0.019	0.107	0.462	–0.022
营业利润率（X_5）	–0.037	0.005	–0.028	0.542	–0.119
成本费用利润率（X_6）	0.182	–0.030	–0.053	0.217	0.139
资本保值增值率（X_7）	0.018	0.600	0.003	–0.105	0.009
固定资产增长率（X_8）	–0.017	0.019	–0.025	–0.243	0.637
总资产增长率（X_9）	–0.039	–0.010	0.028	0.093	0.357
每股净资产增长率（X_{10}）	0.101	0.601	0.003	–0.102	0.010
流动资产周转率（X_{11}）	0.023	0.004	0.479	0.066	0.013
总资产周转率（X_{12}）	0.065	0.001	0.387	–0.021	0.015

（4）计算各公因子得分和综合得分，检验结果见表 4–17 至表 4–22。

表 4-17　并购前一年（Y_{-1}）因子得分系数矩阵

指标	因子				
	1	2	3	4	5
流动比率（X_1）	-0.033	0.454	-0.135	0.047	0.058
速动比率（X_2）	-0.031	0.514	-0.136	0.063	0.070
资产负债率（X_3）	-0.013	-0.256	-0.025	0.013	0.147
净资产收益率（X_4）	0.010	-0.133	0.431	0.126	0.024
营业利润率（X_5）	0.019	-0.088	0.343	-0.072	-0.060
成本费用利润率（X_6）	-0.004	0.038	0.383	-0.059	0.055
资本保值增值率（X_7）	0.289	-0.010	0.022	-0.036	0.025
固定资产增长率（X_8）	-0.004	0.013	-0.01	0.058	0.897
总资产增长率（X_9）	-0.259	0.014	0.006	0.033	0.058
每股净资产增长率（X_{10}）	0.362	-0.004	0.033	0.006	0.042
流动资产周转率（X_{11}）	-0.005	-0.002	0.047	0.386	-0.028
总资产周转率（X_{12}）	-0.019	0.048	-0.052	0.500	0.043

表 4-18　并购当年（Y_0）因子得分系数矩阵

指标	因子				
	1	2	3	4	5
流动比率（X_1）	0.009	0.379	0.041	0.104	-0.100
速动比率（X_2）	0.023	0.379	0.051	0.083	-0.142
资产负债率（X_3）	0.057	-0.098	-0.019	0.456	-0.117
净资产收益率（X_4）	0.035	0.144	0	0.687	0.142
营业利润率（X_5）	-0.093	-0.152	-0.008	0.073	0.582
成本费用利润率（X_6）	-0.014	0.085	-0.033	-0.062	0.432
资本保值增值率（X_7）	0.357	-0.010	0.025	-0.036	0.004
固定资产增长率（X_8）	0.186	0.038	-0.052	0.088	-0.153
总资产增长率（X_9）	0.384	0.007	-0.036	0.117	-0.082
每股净资产增长率（X_{10}）	0.291	-0.047	0.039	-0.127	0.136
流动资产周转率（X_{11}）	-0.033	0.021	0.473	-0.028	0.036
总资产周转率（X_{12}）	-0.01	0.092	0.593	0	-0.079

表 4-19 并购后一年（Y_1）因子得分系数矩阵

指标	因子				
	1	2	3	4	5
流动比率（X_1）	0.466	0.025	−0.131	0.057	0.036
速动比率（X_2）	0.491	0	−0.261	0.038	0.052
资产负债率（X_3）	−0.268	0.054	−0.039	0.003	0.263
净资产收益率（X_4）	−0.046	−0. 02	0.552	0.04	0.037
营业利润率（X_5）	−0.147	−0.082	0.507	−0.206	−0.079
成本费用利润率（X_6）	0.263	−0.019	0.284	−0.088	0.074
资本保值增值率（X_7）	−0.004	0.472	−0.057	−0.049	−0.031
固定资产增长率（X_8）	−0.02	−0.158	−0.506	−0.047	0.682
总资产增长率（X_9）	−0.016	0.093	0.048	0.025	0.693
每股净资产增长率（X_{10}）	−0.037	0.372	−0.059	−0.024	−0.014
流动资产周转率（X_{11}）	0.022	−0.017	0.206	0.371	−0.041
总资产周转率（X_{12}）	0.059	−0.036	−0.051	0.483	0.016

表 4-20 并购后二年（Y_2）因子得分系数矩阵

指标	因子				
	1	2	3	4	5
流动比率（X_1）	0.548	0.013	0.014	−0.157	0.022
速动比率（X_2）	0.561	0.025	0.037	−0.161	0.047
资产负债率（X_3）	−0.202	0.037	−0.016	−0.347	0.007
净资产收益率（X_4）	−0.093	−0.104	0.027	0.515	0.042
营业利润率（X_5）	−0.073	0.055	−0.001	0.557	−0.113
成本费用利润率（X_6）	0.042	−0.087	−0.05	0.528	0.017
资本保值增值率（X_7）	0.019	0.381	−0.071	−0.038	−0.046
固定资产增长率（X_8）	0.004	−0.179	0.003	0	0.657
总资产增长率（X_9）	−0.022	0.105	−0.02	0.001	0.543
每股净资产增长率（X_{10}）	0.017	0.538	−0.022	−0.064	−0.139
流动资产周转率（X_{11}）	0.006	−0.024	0.576	0.028	−0.015
总资产周转率（X_{12}）	0.047	−0.031	0.524	−0.037	0.016

表 4-21　并购后三年（Y_3）因子得分系数矩阵

指标	因子				
	1	2	3	4	5
流动比率（X_1）	0.507	0.018	−0.002	−0.033	0.094
速动比率（X_2）	0.498	0.04	0.018	−0.094	0.083
资产负债率（X_3）	−0.475	0.015	−0.073	0.028	0.098
净资产收益率（X_4）	0.044	−0.038	−0.002	0.137	0.754
营业利润率（X_5）	−0.07	0.023	0.004	0.631	0.109
成本费用利润率（X_6）	0.006	0.027	−0.041	0.508	−0.171
资本保值增值率（X_7）	0.009	0.536	0.017	0.02	−0.033
固定资产增长率（X_8）	−0.005	0.023	−0.032	−0.12	−0.046
总资产增长率（X_9）	−0.042	0.006	0.031	0.571	0.072
每股净资产增长率（X_{10}）	0.009	0.521	0.012	0.02	−0.033
流动资产周转率（X_{11}）	0.006	0.011	0.518	0.02	−0.036
总资产周转率（X_{12}）	0.049	0.007	0.524	0.011	0.027

表 4-22　并购后三年平均（Y_{1-3}）因子得分系数矩阵

指标	因子				
	1	2	3	4	5
流动比率（X_1）	0.761	0.006	−0.055	0.048	−0.015
速动比率（X_2）	0.843	0.032	−0.039	0.04	−0.043
资产负债率（X_3）	−0.665	0.07	0.011	0.152	−0.037
净资产收益率（X_4）	−0.009	0.17	0.036	0.728	0.07
营业利润率（X_5）	0.003	0.02	−0.026	0.639	−0.063
成本费用利润率（X_6）	0.536	−0.082	−0.109	0.266	0.039
资本保值增值率（X_7）	−0.046	0.921	−0.003	0.062	−0.002
固定资产增长率（X_8）	0.063	0.014	−0.043	−0.158	0.762
总资产增长率（X_9）	0.015	−0.034	0.048	0.252	0.731
每股净资产增长率（X_{10}）	−0.035	0.921	0.02	0.017	−0.015
流动资产周转率（X_{11}）	−0.132	0.031	0.902	0.01	−0.004
总资产周转率（X_{12}）	−0.044	−0.001	0.916	0.006	0.011

从表 4-17 至 4-22 可看出各个因子的成分系数矩阵，由此计算出每一年的因子得分 F_1、F_2、F_3、F_4、F_5，结合综合绩效模型计算出样本的绩效得分。以并购后三年平均为例算式如下：

$$F_1 = 0.761X_1 + 0.843X_2 - 0.665X_3 - 0.009X_4 + 0.003X_5 + 0.536X_6 - 0.046X_7 + 0.063X_8 + 0.015X_9 - 0.035X_{10} - 0.132X_{11} - 0.044X_{12}$$

$$F_2 = 0.006X_1 + 0.032X_2 + 0.07X_3 + 0.17X_4 + 0.02X_5 - 0.082X_6 + 0.921X_7 + 0.014X_8 - 0.034X_9 + 0.921X_{10} + 0.031X_{11} - 0.001X_{12}$$

$$F_3 = -0.055X_1 - 0.039X_2 + 0.011X_3 + 0.036X_4 - 0.026X_5 - 0.109X_6 - 0.003X_7 - 0.043X_8 + 0.048X_9 + 0.02X_{10} + 0.902X_{11} + 0.916X_{12}$$

$$F_4 = 0.048X_1 + 0.04X_2 + 0.152X_3 + 0.728X_4 + 0.639X_5 + 0.266X_6 + 0.062X_7 - 0.158X_8 + 0.252X_9 + 0.017X_{10} + 0.01X_{11} + 0.006X_{12}$$

$$F_5 = -0.015X_1 - 0.043X_2 - 0.037X_3 + 0.007X_4 - 0.063X_5 + 0.039X_6 - 0.002X_7 + 0.762X_8 + 0.731X_9 - 0.015X_{10} - 0.004X_{11} + 0.011X_{12}$$

进一步计算出 $\Delta Per_i = Per_i - Per_{-1}$（i = 0，1，2，3），以度量公司并购当年和并购后三年绩效水平的改善程度；计算出 $Performance = \overline{Per_{1\text{-}3}} - Per_{-1}$，以度量并购后业绩的平均改善程度。各年综合业绩得分变化的统计结果如表 4-21 和 4-22 所示。

表 4-23 中样本各年相对于并购前的业绩变化 ΔPer 的均值都接近于 0，可见多元化并购没有带来显著的业绩改善。全样本并购当年到并购后三年的中位数分别为 -0.01557、0.00886、-0.00436、-0.01476，正值比率分别为 51.61%、48.22%、46.26%、47.31%。并购当年业绩改善的公司最多说明有相当一部分公司是在靠并购进行报表重组，但这种以短期利益为目的的并购并不能给企业带来长期的业绩改善，全样本中第二、三年业绩改善的公司数量持续减少就证明了这一点。从并购后三年的整体绩效来看，只有 47.86% 的样本绩效得到提升，一

半以上的公司未实现业绩增长目标。

表 4-23　样本公司并购绩效变化描述性统计结果

		观测值	最小值	最大值	均值	中位数	标准差
全样本	ΔPer_0	1794	−2.32	5.97	−0.000000035	−0.01557	0.40148
	ΔPer_1	1794	−2.58	5.76	0.000000073	0.00886	0.38912
	ΔPer_2	1794	−2.73	5.69	−0.000000042	−0.00436	0.47281
	ΔPer_3	1794	−1.84	5.83	−0.000000014	−0.01476	0.45793
	Performance	1794	−1.98	5.79	0.000000079	−0.00582	0.41783
高管理防御组样本	ΔPer_0	897	−2.32	5.97	0.00000320	0.02458	0.43788
	ΔPer_1	897	−2.58	5.62	−0.00136785	−0.02129	0.49384
	ΔPer_2	897	−2.73	5.69	−0.00337082	−0.02287	0.45631
	ΔPer_3	897	−1.84	5.82	−0.00598321	−0.016894	0.46787
	Performance	897	−1.98	5.75	−0.00304826	−0.013089	0.40337
低管理防御组样本	ΔPer_0	897	−2.25	5.97	0.00000313	−0.010085	0.38436
	ΔPer_1	897	−2.48	5.76	0.00005612	0.008463	0.35249
	ΔPer_2	897	−2.69	5.67	0.00053468	−0.0930	0.33129
	ΔPer_3	897	−1.68	5.83	0.00111387	−0.1420	0.48141
	Performance	897	−1.86	5.79	0.00058321	0.0056	0.39587

进一步按管理防御程度分组，可以发现全样本逐年业绩下滑主要是由高管理防御组样本公司引发的。高管理防御组并购当年的均值和中位数都大于 0，但并购后第一年的均值和中位数都降到 0 以下，业绩下降的样本比例为 51.32%，较并购当年增加了 2.81%，大于低管理防御组的 49.14%，而并购后第二年业绩下降的比例扩大到 53.94%，第三年又进一步上升到 55.93%（见表 4-24）。

表 4-24　样本并购绩效变化分布情况描述性统计

ΔPer			Y_0	Y_1	Y_2	Y_3	Y_{1-3}
全样本	≤0	数量	868	929	958	945	935
		比例（%）	48.39	51.78	53.38	52.69	52.14
	>0	数量	926	865	836	849	859
		比例（%）	51.61	48.22	46.26	47.31	47.86
高管理防御组样本	≤0	数量	435	460	484	502	483
		比例（%）	48.51	51.32	53.94	55.93	53.87
	>0	数量	462	437	413	395	414
		比例（%）	51.49	48.68	46.06	44.07	46.13
低管理防御组样本	≤0	数量	424	441	443	449	446
		比例（%）	47.31	49.14	49.36	50.09	49.75
	>0	数量	473	456	454	448	451
		比例（%）	52.69	50.86	50.64	49.91	50.25

（二）单变量检验

表 4-25 报告了管理防御对并购长期绩效影响的单变量检验结果。检验结果表明，低管理防御样本组的并购长期财务绩效得分显著高于高管理防御样本组，这一研究结论初步证实管理防御程度会显著降低多元化并购的长期财务绩效，假设 H4-2 得到初步证实。

表 4-25　管理防御程度对多元化并购长期绩效影响的单变量检验

管理防御程度	Performance				
	观测值	均值	中位数	T值	Z值
低管理防御	897	0.00058321	0.0056	（1.946）*	（1.849）*
高管理防御	897	-0.00304826	-0.013089		

注：* 表示在 10% 的水平下通过显著性检验。

（三）多元回归结果

表 4-26 报告了模型（4-2）的多元回归结果。全样本和按产权性

质的分组样本中管理防御程度（MEI）与长期业绩（Performance）都显著负相关，验证了假设 H4-2，即管理防御程度会显著负面影响多元化并购的长期绩效。有防御动机的管理者希望借助多元化并购实现固守职位和个人利益最大化的目的，这种目的“不纯”的多元化并购不仅不会带来股东价值最大化，而且会使企业经营大大复杂化，长期来看必定会损害企业财务绩效，造成股东财富缩水。但在国有上市公司样本组中管理防御程度（MEI）与长期业绩（Performance）的相关系数为 -0.429，其绝对值大于非国有上市公司样本组中两者的相关系数 -0.276，并且前者在 1% 的显著性水平下通过检验，后者的显著性水平为 5%。由此可知，国有企业中的管理防御程度对长期财务绩效的负面影响大于非国有企业，两者存在差异性，假设 H4-3 得到验证。在控制变量方面，各组样本并购前的业绩（Roe）都同并购长期业绩（Performance）显著正相关，说明绩效越好的公司，并购后业绩提升的空间越大。各组样本的公司规模（Size）与长期业绩（Performance）的正相关关系在 10% 的水平下通过显著性检验，全样本和非国有上市公司样本组的公司管理成长性（Growth）与长期业绩（Performance）的正相关关系在 1% 的水平下通过显著性检验，国有上市公司样本组的公司管理成长性（Growth）与长期业绩（Performance）的正相关关系在 5% 的水平下通过显著性检验，这与西方发达国家的公司规模和成长性与并购绩效往往存在一定的相关性的结论一致。

表 4-26 模型（4-2）多元回归结果

Variables	Performance		
	全样本	国有上市公司样本组	非国有上市公司样本组
MEI	-0.498^{***} （-5.843）	-0.429^{***} （-5.482）	-0.276^{**} （-2.142）

续表

Variables	Performance		
	全样本	国有上市公司样本组	非国有上市公司样本组
Roe	0.371*** (2.963)	0.205** (2.003)	0.315*** (2.712)
Growth	0.346*** (3.062)	0.294** (2.311)	0.435*** (3.157)
Size	0.036* (1.736)	0.026* (1.663)	0.052* (1.758)
Risk	-0.025 (-0.378)	-0.006 (-0.283)	-0.007 (-0.482)
Cash	-0.033 (-1.004)	0.049 (0.947)	-0.173 (-1.385)
Age	0.013 (0.096)	0.028 (1.174)	0.039 (0.892)
Constant	0.139 (0.593)	0.274 (0.669)	0.055 (1.283)
Year	Control	Control	Control
Industry	Control	Control	Control
Observations	1794	897	897
F	25.167***	17.462***	16.739***
Adjusted R^2	0.136	0.125	0.118

注：***、**、* 分别表示在 1%、5% 和 10% 的水平下显著。

（四）稳健性检验

1. 企业价值 EVA 作为长期业绩替代变量

EVA（经济增加值）是衡量企业经营业绩和驱动企业创造价值的关键指标。它克服了传统会计利润未能充分考虑资本成本的局限，旨在评估企业扣除所有资本成本后为股东创造的真实经济利润。因此，为了更全面、更真实地反映企业多元化并购的长期业绩，本书在使用财务指标计算业绩得分后还将使用 EVA 作为长期业绩的替代指标，检验管理防御程度对并购后 EVA 变化的影响。

EVA 的基本计算公式为：EVA = NOPAT − TC × WACC

其中，NOPAT 是指税后净营业利润，TC 为资本投入总额，WACC 为加权平均资本成本。

NOPAT（税后净营业利润）的计算涉及对传统的企业会计净利润进行特定调整，剔除了企业非经营性项目、财务费用及与税收相关的某些特殊项的影响，以反映企业“纯粹”的经营活动产生的利润。本书参照国务院国有资产监督管理委员会 EVA 考核体系及相关文献的项目调整方法，结合样本公司可获取的财务数据，对 NOPAT 进行如下调整：税后净营业利润 = 营业利润 − 所得税费用 +（利息支出 + 资产减值损失 + 开发支出）×（1− 所得税税率）+ 递延所得税负债增加额 − 递延所得税资产增加额。

TC（资本投入总额）为企业在特定时期经营活动所使用的各类资本的账面价值。其不仅包括所有者权益和债权人提供的长期借款、长期应付款、应付债券、短期借款、一年内到期的非流动负债等类别的有息负债，还涉及对于在建工程和递延所得税项目的调整，以更加精确地反映与企业经营活动直接相关的资本投入。

WACC（加权平均资本成本）的计算涉及税后债务资本成本、权益资本成本的测算和企业资本结构的衡量。债务资本成本采用企业当年利息支出占长短期债务总额平均值的比例进行测算。其中，短期负债为资产负债表中的短期借款，长期负债包括长期借款、一年内到期的长期借款、应付债券、长期应付款。权益资本成本基于资本资产定价模型来进行测算，其中无风险收益率选用我国五年期国债收益率，市场收益率选用我国沪深 300 指数五年历史平均市场回报率，β 系数选用样本公司股票的 BETA 值（250 交易日流通市值加权）。

将并购后三年的 EVA 变化平均值作为被解释变量，所得到的回归结果（见表 4–27）与表 4–26 中的结果基本相同，可见本书的研究结果具有稳健性。

表 4–27　模型（4–2）稳健性检验结果

（EVA作为长期业绩替代变量）

Variables	Performance		
	全样本	国有上市公司样本组	非国有上市公司样本组
MEI	–0.373*** (–3.237)	–0.362*** (–3.056)	–0.296** (–2.001)
Roe	0.248*** (2.762)	0.196** (2.010)	0.184** (2.329)
Growth	0.472*** (3.003)	0.384** (2.568)	0.572*** (3.589)
Size	0.076** (1.989)	0.037** (2.013)	0.149* (1.857)
Risk	–0.145* (–1.726)	–0.156* (–1.823)	–0.207** (–2.482)
Cash	–0.059 (–0.943)	0.049 (0.786)	–0.289 (–1.274)
Age	0.033* (1.696)	0.057 (1.275)	0.072 (0.947)
Constant	0.469 (0.692)	0.168 (0.773)	0.049 (1.306)
Year	Control	Control	Control
Industry	Control	Control	Control
Observations	1794	897	897
F	18.617***	15.486***	16.369***
Adjusted R^2	0.117	0.109	0.115

注：***、**、* 分别表示在 1%、5%和 10%的水平下显著。

2. 托宾 Q 作为长期业绩替代变量

托宾 Q 作为长期业绩的衡量指标，它避免了估计收益率和边际成本的困难，而且在计算企业重置成本时充分考虑了通货膨胀等因素。

因此，本书进一步以并购后三年托宾 Q 变化的平均值来度量并购长期业绩进行稳健性测试。由表 4-28 的回归结果可知，各样本组中管理防御程度与托宾 Q 的负相关关系依然显著，说明本书的研究结果具有稳健性。

表 4-28 模型（4-2）稳健性检验结果

（托宾Q作为长期业绩替代变量）

Variables	Performance		
	全样本	国有上市公司样本组	非国有上市公司样本组
MEI	-0.268** (-2.376)	-0.338*** (-2.701)	-0.189** (-2.007)
Roe	0.213** (2.126)	0.169** (2.113)	0.207** (2.004)
Growth	0.447*** (2.962)	0.367** (2.072)	0.298** (2.154)
Size	0.047* (1.809)	0.037* (1.783)	0.033* (1.689)
Risk	-0.095* (-1.778)	-0.089* (-1.832)	-0.086 (-1.482)
Cash	-0.022 (-1.074)	0.052 (0.398)	-0.182 (-0.996)
Age	0.021 (0.085)	0.038 (1.104)	0.047 (0.996)
Constant	0.278 (0.692)	0.395 (1.041)	0.483 (0.823)
Year	Control	Control	Control
Industry	Control	Control	Control
Observations	1794	897	897
F	11.104***	10.438***	11.739***
Adjusted R^2	0.106	0.101	0.096

注：***、**、* 分别代表在 1%、5%和 10%的水平下显著。

3. 薪酬差距作为管理防御程度替代变量

采用总经理货币性薪酬与其他高管货币性薪酬平均值的差额作为

管理防御程度的替代变量进行稳健性检验。用薪酬差距替代后所得到的回归结果（见表 4–29）与表 4–26 中的结果基本相同，说明本书的研究结果具有稳健性。

表 4–29　模型（4–2）稳健性检验结果

（薪酬差距作为管理防御程度替代变量）

Variables	Performance		
	全样本	国有上市公司样本组	非国有上市公司样本组
MEI	–0.275** （–2.487）	–0.307*** （–2.836）	–0.228** （–2.531）
Roe	0.346*** （3.043）	0.301** （2.264）	0.268*** （2.832）
Growth	0.379*** （2.894）	0.328** （2.119）	0.406*** （2.867）
Size	0.042* （1.893）	0.037* （1.598）	0.007 （1.475）
Risk	–0.027 （–0.476）	–0.014 （–0.823）	–0.008 （–0.579）
Cash	–0.045 （–1.269）	0.053 （1.375）	–0.205 （–1.009）
Age	0.026 （0.159）	0.033 （1.007）	0.082 （0.704）
Constant	0.275 （0.957）	0.336 （0.947）	0.163 （1.486）
Year	Control	Control	Control
Industry	Control	Control	Control
Observations	1794	897	897
F	19.385***	16.004***	15.793***
Adjusted R^2	0.124	0.119	0.106

注：***、**、* 分别代表在 1%、5%和 10%的水平下显著。

第三节　管理防御与企业多元化并购经营效率

一、理论分析与研究假设

基于管理防御理论，多元化并购是管理者为了固守职位或最大化个人利益而将企业剩余资源投入其他行业，其出发点是私人利益而非企业长远发展战略，往往会造成企业盲目多元化。企业实施多元化经营后，首先，企业的业务类型和结构更繁杂、部门层级也更复杂，经营链条随之变得更冗长，导致管理层和股东之间的信息不对称程度加剧（仓勇涛等，2020），管理者会有机会进一步实施其他管理防御行为，造成企业委托—代理成本上升和经营效率下降。其次，多元化经营还使得管理者有空间寻租骗补或取得跨部门交叉补贴，例如将优质资源转移至业绩较差的业务单元以弥补其绩效损失（Scharfstein and Stein，2000），这种不合理的资源配置行为只会损害内部资本市场的配置效率，引起企业经营效率下降。最后，并购活动会耗费企业的大量资金，而且盲目并购后的多元化经营不仅会稀释企业原有的核心资源，还会挤占主业的技术研发和设备更新改造资金，导致主业丧失竞争优势。同时，整合过程中为打破新进入行业的壁垒，企业还需要付出较高的交易成本和协调成本，以及调整原有组织结构所引发的管理成本，这都可能抑制企业经营效率提升。

上述分析表明，管理防御引发了企业盲目多元化并购，而多元化经营又进一步加剧了信息不对称，诱发更深层次的管理防御行为，加剧了资源的错配及企业经营效率的下降。

据此提出假设 H4-4：管理防御程度会显著负面影响多元化并购

后的经营效率。

进一步考虑企业所有权性质不同会导致管理防御的实施环境有所差异，相比较于非国有企业，国有企业中管理者实施防御等机会主义行为的机会更多、动机更强，对经营效率的负面影响可能更大。

据此提出假设 H4-5：在国有企业和非国有企业中，管理防御程度对多元化并购经营效率的影响可能存在差异。

二、研究设计

为实证检验假设 H4-4、H4-5 管理防御程度对多元化并购经营效率的影响，构建多元回归模型（4-3）进行分析：

$$Efficiency=\beta_0+\beta_1 MEI_{it}+\beta_i Controls+Year+Industry+\varepsilon \quad (4-3)$$

模型中被解释变量并购经营效率（Efficiency）根据 DEA-Malquist 指数模型计算出并购后三年经营效率值 M 的算术平均数计算得出。

三、实证过程与结果

（一）投入产出指标的选取

本书采用DEA效率模型来衡量经营效率，此方法可测算出多投入、多产出复杂系统的相对效率，不需要知道生产前沿的具体形式，只需投入产出的具体数据便可通过线性规划来度量效率，具有原理相对简单和适用性广的特点，是度量经营效率最常使用的方法。选取固定资产、劳动力和经营费用作为投入变量，主营业务收入和净利润作为产出变量，使用 DEA 软件计算出综合效率值作为企业的经营效率。投入产出的具体指标如表 4-30 所示。

表 4-30　投入产出指标表

变量类型	变量名称	变量代码	具体指标
投入指标	固定资产	固定资产净额	A1
	劳动力	应付职工薪酬	A2
	经营费用	管理费用 + 财务费用 + 销售费用	A3
产出指标	净利润	净利润	B1
	主营业务收入	主营业务收入	B2

DEA 分析中投入产出指标必须大于 0，而现实中有的数据如净利润可能小于 0，因此需对原始数据仅无量纲化出来。处理原则有两个：一是将投入指标数值变小，二是将产出指标数值变大。具体处理方法如下所示：

$$A_{ij}=\frac{(MaxA_j-A_{ij})}{(MaxA_j-MinA_j)}$$

$$B_{ij}=\frac{(B_{ij}-MinB_j)}{(MaxB_j-MinB_j)}$$

（二）DEA 模型构建

为反映出本期与上期相比的经营效率变动情况，使用 DEA-Malquist 指数模型计算企业动态的经营效率。常用的 Malmquist 指数包括相邻参比 Malmquist 指数、序列参比 Malmquist 指数、固定参比 Malmquist 指数和全局参比 Malmquist 指数等。其中相邻参比 Malmquist 指数使用范围最广、时间最长，因此本书使用相邻 Malmquist 指数对样本公司经营效率的动态变化进行评价。

Malmquist（1953）最早提出 Malmquist 生产率指数。以 t 和 t+1 期时刻为技术参照，规模报酬可变和产出导向的相邻参比 Malmquist 指数为：

$$M(t+1)=\left[\frac{D^{t}(x^{t+1},\ y^{t+1})}{D^{t}(x^{t},\ y^{t})}\times\frac{D^{t+1}(x^{t+1},\ y^{t+1})}{D^{t+1}(x^{t},\ y^{t})}\right]^{\frac{1}{2}}$$

其中，x_i^t 和 x_i^{t+1} 分别是第 i 个行业在第 t 期和 t+1 期的投入量，y_i^t 和 y_i^{t+1} 分别是第 i 个行业在第 t 期和 t+1 期的产出量，D_i^t（x_i^t，y_i^t）和 $D^{t+1}(x^{t+1},\ y^{t+1})$ 是第 i 个行业在第 t 期和 t + 1 期的技术效率值。Malmquist 指数＞1 代表效率改进，Malmquist 指数＜1 效率降低，Malmquist 指数 = 1 则效率不变。

Fare R 等（1992）最早采用 DEA 方法计算 Malmquist 指数，并将 Malmquist 指数分解为技术效率变化（Effch）和生产技术变化（Techch）：

$$Effch=\frac{D_i^{t+1}(x_i^{t+1},\ y_i^{t+1})}{D_i^{t}(x_i^{t},\ y_i^{t})}。$$

技术变化（Techch）是其几何平均值：$Techch=\left[\frac{D^{t}(x^{t},\ y^{t})}{D^{t+1}(x^{t},\ y^{t})}\times\frac{D^{t}(x^{t+1},\ y^{t+1})}{D^{t+1}(x^{t+1},\ y^{t+1})}\right]^{\frac{1}{2}}$。

Malmquist 指数与 Effch 和 Techch 间的关系为 M = Effch × Techch。其中 Effch 又可以进一步分解为纯技术效率变化（Pech）和规模效率变化（Sech）：M = Effch × Techch = Pech × Sech × Techch。

各分解值含义如表 4-31 所示。

表 4-31　Malmquist 指数分解值含义

数值	Pech	Sech	Effch	Techch
＞1	纯技术效率提高	规模效率提高	技术效率提高	生产技术提高
＜1	纯技术效率下降	规模效率下降	技术效率下降	生产技术下降
= 1	纯技术效率不变	规模效率不变	技术效率不变	生产技术不变

（三）经营效率分析

在投入导向即规模可变的前提下，运用 Deap2.1 软件计算多元化并购完成后三年主并企业的 DEA-Malquist 指数，结果如表 4-32

所示。

表 4-32　样本公司并购后经营效率 DEA-Malquist 指数及构成变化

年份	Pech	Sech	Effch	Techch	M
Y_1	0.864	1.086	0.938	0.903	0.847
Y_2	0.767	0.938	0.719	0.976	0.702
Y_3	0.732	0.845	0.619	0.996	0.616
$\overline{Y_{1-3}}$	0.788	0.956	0.759	0.958	0.722

由表 4-32 可知，样本公司并购后三年的 DEA-Malquist 指数（M）呈逐年下降趋势，并购后第一年下降 15.3%，第二年下降了 29.8%，第三年下降了 38.4%，三年的 DEA-Malquist 指数（M）平均值为 0.722，即多元化并购后三年企业的全要素生产率平均下降了 27.8%，说明整体来看多元化并购不仅没有提高企业经营效率，反而对效率造成损害。

进一步观察各分解指标，其中并购后三年的规模效率（Sech）按年平均 0.44% 的速度下降，证实多元化并购并未帮助企业实现规模效应。纯技术效率（Pech）按年平均 21.2% 的速度下降，下降速度远大于规模效率，说明企业技术的作用受到了较大限制。这可能是因为实施多元化经营后资源被分散到新进领域，挤占了主业的技术研发和设备更新改造资金，导致主业丧失技术优势。

（四）单变量检验

表 4-33 报告了管理防御对并购经营效率影响的单变量检验结果。检验结果表明，低管理防御样本组的经营效率显著高于高管理防御样本组，这一研究结论初步证实管理防御程度会显著降低多元化并购的经营效率，假设 H4-4 得到初步证实。

表 4-33　管理防御程度对多元化并购经营效率影响的单变量检验

管理防御程度	Efficiency				
	观测值	均值	中位数	T值	Z值
低管理防御	897	0.08346016	0.081357	（2.034）**	（2.331）**
高管理防御	897	0.05117003	0.480025		

注：***、**、*、分别表示在 1%、5% 和 10% 的水平下通过显著性检验。

（五）多元回归结果

表 4-34 报告了模型（4-3）的多元回归结果。全样本和按产权性质的分组样本中管理防御程度（MEI）与经营效率都显著负相关，验证了假设 H4-4，即管理防御程度会显著负面影响多元化并购的经营效率。这可能是由于，一方面多元化并购后企业的业务类型和组织结构更加复杂，导致企业管理成本和风险增加，而且管理复杂性提高会加剧管理者和股东间的信息不对称，使得管理者更有可能从私人收益出发实施防御行为，并购后难以实现规模效率的提升；另一方面，多元化经营稀释了企业的核心资源，尤其是主业的技术资源不仅难以发挥溢出效应，而且可能因为研发投入的减少而失去原有的竞争优势，由此导致技术效率下降。在国有上市公司样本组中管理防御程度（MEI）与经营效率（Efficiency）的相关系数为 -0.395，在 1% 的水平下显著，在非国有上市公司样本组中两者的相关系数为 -0.362，显著性水平为 5%，证实国有企业中管理防御程度对经营效率的负面影响大于非国有企业，两者存在差异性，与假设 H4-5 相符。控制变量方面，各组样本中并购前的业绩（Roe）都同并购后经营效率（Efficiency）显著正相关，说明绩效越好的公司，并购后经营效率越有可能提升。各组样本中公司规模（Size）、自由现金流量（Cash）与经营效率均显著正相关，财务风险（Risk）与经营效率显著负相关，说明公司规模越大、财务

资源越充足的企业越有可能在并购后提升经营效率。

表 4-34　模型（4-3）多元回归结果

Variables	Efficiency		
	全样本	国有上市公司样本组	非国有上市公司样本组
MEI	-0.373** （-2.546）	-0.395*** （-2.773）	-0.362** （-2.002）
Roe	0.271* （1.834）	0.238* （2.306）	0.309** （2.476）
Growth	0.173 （1.329）	0.185* （2.021）	0.106 （1.339）
Size	0.089** （2.059）	0.076** （1.984）	0.207*** （2.743）
Risk	-0.105* （-1.738）	-0.273** （-2.205）	-0.085* （-1.843）
Cash	0.203** （2.374）	0.159* （1.926）	0.241** （2.366）
Age	0.032 （0.184）	0.059 （1.093）	0.027 （0.985）
Constant	0.106 （0.677）	0.295 （0.582）	0.155 （1.038）
Year	Control	Control	Control
Industry	Control	Control	Control
Observations	1794	897	897
F	19.332***	18.309***	18.739***
Adjusted R^2	0.116	0.108	0.113

注：***、**、* 分别代表在 1%、5%和 10%的水平下显著。

（六）稳健性检验

1. DEA-BBC 值作为经营效率替代变量

为进行稳健性测试，借鉴刘惠（2020）、刘淑伟（2021）的做法，用 DEA-BBC 模型计算出样本公司的综合技术效率值作为经营效率的替代变量。该模型由 Banker、Charnes 和 Cooper（1984）提出，考虑了规模可变情况下企业的技术效率。其规划式为：

$$
\begin{aligned}
&\min\theta \\
&S.t.\ \sum_{j=1}^{n}\lambda_j x_{ij} \leqslant \theta x_{ik} \\
&\sum_{j=1}^{n}\lambda_j y_{rj} \leqslant y_{rk} \\
&\sum_{j=1}^{n}\lambda_j = 1 \\
&\lambda \geqslant 0
\end{aligned}
$$

其中，j = 1，2，……，n；i = 1，2，……，m；r = 1，2，……，q。

DEA-BBC 模型的对偶规划式为：

$$
\begin{aligned}
&\mathrm{Max}\sum_{r=1}^{q}\mu_r y_{rk} - \mu_0 \\
&S.t.\ \sum_{r=1}^{q}\mu_r y_{rj} - \sum_{r=1}^{m} r_i x_{ij} - \mu_0 \leqslant 0 \\
&\sum_{i=1}^{m}\gamma_i x_{ik} = 1 \\
&\upsilon \geqslant 0;\ u \geqslant 0
\end{aligned}
$$

其中，j = 1，2，……，n；i = 1，2，……，m；r = 1，2，……，q。

表 4-35 所列稳健性测试结果与表 4-34 中的回归结果基本相同，证明上文的结果稳健、可靠。

表 4-35　模型（4-3）稳健性检验结果

（运用DEA-BBC模型计算经营效率）

Variables	Efficiency		
	全样本	国有上市公司样本组	非国有上市公司样本组
MEI	-0.258^{**} （-2.396）	-0.306^{***} （-2.698）	-0.294^{**} （-2.326）
Roe	0.243^{*} （2.015）	0.215^{**} （2.058）	0.174^{*} （1.989）

续表

Variables	Efficiency		
	全样本	国有上市公司样本组	非国有上市公司样本组
Growth	0.104 (0.582)	0.196** (2.301)	0.083 (0.293)
Size	0.126* (1.738)	0.083** (2.064)	0.167* (1.698)
Risk	−0.135** (−2.316)	−0.306*** (−2.731)	−0.066* (−1.737)
Cash	0.164** (2.159)	0.216** (1.977)	0.198* (1.782)
Age	0.055 (0.270)	0.048 (0.893)	0.107 (0.148)
Constant	0.093 (0.466)	0.305 (0.742)	0.135 (0.656)
Year	Control	Control	Control
Industry	Control	Control	Control
Observations	1794	897	897
F	15.063***	14.358***	14.011***
Adjusted R^2	0.095	0.102	0.092

注：***、**、* 分别代表在 1%、5%和 10%的水平下显著。

2. 薪酬差距作为管理防御程度替代变量

采用总经理货币性薪酬与其他高管货币性薪酬平均值的差额作为管理防御程度的替代变量进行稳健性检验。用薪酬差距代入模型（4–3）所得到的回归结果（见表 4–36）与表 4–34 结果基本相同，说明本书的研究结果具有稳健性。

表 4-36　模型（4-3）稳健性检验结果

（薪酬差距作为管理防御程度替代变量）

Variables	Efficiency		
	全样本	国有上市公司样本组	非国有上市公司样本组
MEI	-0.303** （-2.196）	-0.375*** （-2.663）	-0.297** （-2.325）
Roe	0.257* （1.936）	0.294** （2.596）	0.176* （1.764）
Growth	0.199* （1.672）	0.195* （2.173）	0.104* （1.769）
Size	0.128** （2.327）	0.103** （2.154）	0.195** （2.501）
Risk	-0.116* （-1.832）	-0.185* （-1.732）	-0.099* （-1.853）
Cash	0.157* （1.864）	0.146* （1.774）	0.196** （2.203）
Age	0.068 （0.203）	0.049 （0.902）	0.055 （0.591）
Constant	0.117 （0.582）	0.242 （0.667）	0.146 （0.741）
Year	Control	Control	Control
Industry	Control	Control	Control
Observations	1794	897	897
F	16.078***	15.275***	15.304***
Adjusted R^2	0.110	0.106	0.107

注：***、**、* 分别代表在 1%、5%和 10%的水平下显著。

第四节　制度环境的调节效应

一、理论分析与研究假设

企业经营活动无疑要受到所处制度环境的影响。North（1990）从新制度经济学视角提出，制度是塑造人们互动关系的约束，它们由各种政治规则、法律规范、文化习俗、行为准则以及道德规范等设计和演变而来。Scott（1995）和 Suchman（1995）将制度划分为正式制度与非正式制度两种，认为它们是建立生产、交换和分配规则的政治、经济、社会和法律的集合。制度并非单一和各自独立的存在，而是多个制度相互依存，形成综合的、整体的制度环境，包含了对经济发展产生影响的因素之和。已有的实证研究文献，主要从广义和狭义两个角度界定制度环境。其中广义制度环境同时包括正式环境和非正式环境两种，狭义制度环境仅指正式制度环境。正式制度环境是人类有意识地设计出来的各种市场规则、政策与法律规范等，具有强制性。非制度环境指人类在长期社会活动过程中日渐形成并被广泛认可和共同遵守的行为准则，如伦理道德、文化传统、意识形态和社会风俗等，属于软约束，不具有强制性。本书中的制度环境特指狭义的制度环境，即正式制度环境，是人们有意识地制定出的各种规制、规范等。本书认为，企业所处正式制度环境按照制定者和实施范围不同可划分为企业外部正式制度环境和内部正式制度环境。企业外部正式制度环境由企业外部的政府、行业协会、专业性机构，以及一些有权力的组织所制定的法律、政策、规章、准则、标准等构成。企业内部制度环境由企业董事会、监事会、管理者和全体员工共同参与制定的一系列制度安排构成，其目的是对企业经营中的风险予以管理，控制和监督企业的经营过程和绩效而达到企业的经济、管理目标。下文将分别分析企业外部制度环境和内部制度环境对管理防御与多元化并购长期经济效果的调节效应。

（一）外部制度环境的调节效应

经济转轨过程中企业外部制度环境的建设绝非单纯规章制度的变迁，而是涉及经济、社会、政治、法律制度的全方位变革。这种变革突出表现在市场化制度的确立与不断健全（左海霞，2023）。经济转型的性质决定了我国当前的制度结构呈现出传统计划经济制度结构与现代市场化制度结构在同一体系中共存的特点。“制度缺陷”具体表现为地区间不同程度上缺乏市场规则、市场中介组织效率低、市场信息传导机制不健全、政府干预和官僚政治等。概括而言，企业外部制度环境的完善程度具有区域特征，突出表现在市场化程度的区域性差异上（邹国庆等，2010）。由此可用市场化程度来反映企业外部制度环境是否完善。

在市场化程度较低的地区，由于竞争市场发展不完善，法律制度不够健全，保障制度不完善，往往经济不够发达，政府为了完成其经济和社会目标，需要依靠当地经济影响力大的企业。经济不发达地区，优质企业本身数量就少，上市公司作为优质企业的代表很容易成为政府干预的对象，被动进行多元化并购。在此环境中，管理者为了维护自身职业发展的稳定性，通常会配合政府。另外，市场化程度低往往意味着较高的信息壁垒，利益相关者对企业信息掌握不足，管理者更难受到充分的外部监督，也为管理防御行为的实施创造了条件。这种违背经济效益原则，不考虑业务关联性和企业长远发展而盲目实施的多元化并购，往往属于非生产性行为，不但难以实现协同效应，反而会增加企业内部成本，损害企业长期绩效。

市场化程度较高的地区，经济更发达，政府手中掌握的资源也较多，借助经济影响力大的企业实现经济、政治目标的可能性较小。而且市场化程度较高的地区上市公司数量较多，每个上市公司承担政策性负担的概率在下降，所以在这些地区政府干预的效应随之减弱。另外，市场化程度越高，信息不对称性越低，市场竞争更为公平有效，利益相关者对管理者的监督更有效。因此，在市场化程度高的地区，管理防御对多元化并购长期经济后果的负面影响会削弱。

据此提出假设 H4-6：市场化程度对管理防御与多元化并购长期经济后果的关系具有负向调节作用，即市场化程度越高，管理防御对多元化并购长期业绩和经营效率的正向影响越不显著。

（二）内部制度环境的调节效应

企业内部控制制度可以综合反映出企业的内部制度环境状况，是弥补契约不完备的一种控制机制和制度安排。

企业作为微观主体，在做出包括多元化并购在内的决策时，还会受到其内部微观制度环境的制约。内部控制制度作为协调利益相关者关系的治理机制和制度安排，是企业内部微观制度最重要的内容。内部控制制度是现代企业管理最重要的手段之一，通过一系列公司内部的制度安排，形成企业内的监督体系，以确保每个岗位被授权的同时尽到责任，从而实现降低企业内部交易成本和实现资源有效配置的目标。20 世纪初，在国际上《萨班斯法案》公布和国内连续出现几起上市公司经营失败引起负面影响的双重推动下，我国启动了内部控制制度建设工作。2006 年 6 月和 9 月，沪深证券交易所分别发布了《上市公司内部控制指引》，2008 年和 2010 年，财政部等相关部门又从更高政府层面分别发布《企业内部控制基本规范及配套指引》，明确提出上市公司要实施内部控制。2012 年，财政部和证监会共同颁发《关于2012年主板上市公司分类分批实施企业内部控制规范体系的通知》，要求上市公司按产权性质、收入、规模等分类别、分年度逐步推进实施内部控制规范体系。这一系列法律法规的出台，标志着内部控制由一种自发性的公司治理机制逐渐演变为监管机构强制推行的制度。

企业内部制度环境状况的优劣会通过内部控制质量集中体现出来。根据我国内部控制规范中的表述，内部控制的主要目标是提升企业经营效率和效果、实施发展战略。无论是企业经营效率、效果还是战略，最终目的都归结为有效地获取和配置资源以实现公司价值最大化，因此内部控制的出发点是实现企业价值最大化。内部控制质量高的企业中决策机制的执行和监督更为有效，保障了决策的科学性和可行性。它们制定多元化并购决策时更加谨慎，能够较好地制衡管理者和大股东的机会主义行为，对管理者进行有效监督，较好地缓解委托—代理冲突，降低管理者以防御为动机的盲目多元化的可能性（李万福等，2011），也能一定程度上抑制管理防御对多元化并购后果的不利影响。

据此提出假设 H4–7：内部控制质量对管理防御与多元化并购长期绩效的关系具有负向调节作用，即内部控制质量越高，管理防御对多元化并购长期业绩和经营效率的正向影响越不显著。

二、研究设计

为考察假设 H4–6、假设 H4–7 企业所处制度环境对管理防御影响多元化并购长期经济后果的调节效应，在模型（4–2）和模型（4–3）的基础上进一步加入外部制度环境、内部制度环境与管理防御的交乘项，建立模型（4–4）、模型（4–5）、模型（4–6）、模型（4–7）。

$$Performance=\beta_0+\beta_1 MEI_{it}+\beta_2 Market_{it}+\beta_3 Market_{it}\times MEI_{it}+\beta_i Controls+Year+Industry+\varepsilon \tag{4-4}$$

$$Efficiency=\beta_0+\beta_1 MEI_{it}+\beta_2 Market_{it}+\beta_3 Market_{it}\times MEI_{it}+\beta_i Controls+Year+Industry+\varepsilon \tag{4-5}$$

$$Performance=\beta_0+\beta_1 MEI_{it}+\beta_2 Internal_{it}+\beta_3 Internal_{it}\times MEI_{it}+\beta_i Controls+Year+Industry+\varepsilon \tag{4-6}$$

$$Efficiency=\beta_0+\beta_1 MEI_{it}+\beta_2 Internal_{it}+\beta_3 Internal_{it}\times MEI_{it}+\beta_i Controls+Year+Industry+\varepsilon \tag{4-7}$$

模型中调节变量市场化程度（Market）使用中国市场化指数数据库中上市公司注册地的市场化总指数作为替代指标。鉴于国内文献大多数采用樊纲、王小能的市场化总指数度量市场化程度（邹国庆等，2010；陈凌等，2013；章细贞等，2015；姜涛等，2019；杨博旭等，2021；Zhang et al.，2022），本书参照他们的做法。该指数通过“政府与市场的关系”“市场中介组织发育程度和法治环境”“产品市场发育程度”“要素市场发育程度”等分指数的算术平均计算而来，能够从不同维度反映我国31个省（自治区、直辖市）的市场化水平、政府治理水平、金融发展水平和法治水平。而且该指数在持续更新，可以综合度量出企业所处地区的外部制度环境建设相对进程（王小鲁等，2021）。该指数目前只更新到2019年，考虑市场化进程发展的缓慢性和延续性，本书对2019年之后的样本所需数据用2019年的指数得分替代。

调节变量内部控制水平（Internal）用Ln（1+内部控制指数）来衡量，其中内部控制指数来源于DIB内部控制与风险管理数据库。

三、实证过程与结果

（一）多元回归结果

模型（4-4）、模型（4-6）和模型（4-5）、模型（4-7）分别是在模型（4-2）和模型（4-3）基础上依次加入了外部制度环境（Market）、内部制度环境（Internal）与管理防御程度（MEI）的交乘项，以考察内外部制度环境要素对管理防御影响多元化并购效果的调节作用。

表 4-37 所示全样本中外部制度环境（Market）与长期业绩（Performance）的回归系数 0.263 在 1% 的水平下显著为正，外部制度环境与管理防御程度交乘项（MEI × Market）与长期业绩（Performance）的回归系数 0.398 也显著为正，说明总体来看外部制度环境可以抑制管理防御对多元化并购长期绩效的负向影响。表 4-38 可知，全样本中外部制度环境（Market）与经营效率（Efficiency）的回归系数、外部制度环境与管理防御程度交乘项（MEI × Market）与经营效率（Efficiency）的回归系数 0.268 和 0.306 也都在 1% 的水平下显著为正，说明外部制度环境可以显著抑制管理防御对多元化并购经营效率的负向影响，假设 H4-6 得到证实。随着市场化程度的提高，竞争市场更加完善，法律制度环境也更健全，信息壁垒更容易打破，这都意味着管理者可以受到充分的外部监督，使他们实施管理防御的空间被压缩，由此削弱了管理防御程度对并购长期经济后果的负面影响。

表 4-39 中全样本内部控制环境（Internal）与长期业绩（Performance）的回归系数 0.359 在 1% 的水平下显著为正，内部制度环境与管理防御程度交乘项（MEI × Internal）与长期业绩（Performance）的回归系数 0.258 也显著为正，即总体来看内部制度环境可以抑制管理防御对多元化并购长期业绩的负向影响。表 4-40 中全样本内部控制环境（Internal）

与经营效率（Effieciency）的回归系数 0.369 和内部制度环境与管理防御程度交乘项（MEI × Internal）与经营效率（Effieciency）的回归系数 0.305 也显著为正，说明内部控制环境能削弱管理防御对多元化并购经营效率的负面影响。以上结果均证实了假设 H4-7。内部制度环境的提升意味着企业内部控制效果较好，能够为决策的科学性和谨慎性提供有效保障，预防和监督管理者的机会主义行为，由此可以一定程度上抑制管理防御对多元化并购长期后果的不利影响。

进一步按最终控制权性质将样本分为国有上市公司样本组和非国有上市公司样本组，对比表 4-37 中两个子样本组的回归结果可以发现，在国有上市公司样本组中外部制度环境与管理防御程度的交乘项（MEI × Market）和长期业绩（Performance）的回归系数 0.432 大于非国有上市公司样本组中交乘项（MEI × Market）和长期业绩（Performance）的回归系数 0.359，且前者在 1% 的显著性水平下通过检验，显著性水平高于后者（5%）。表 4-38 中国有上市公司样本组的外部制度环境与管理防御程度的交乘项（MEI × Market）和经营效率（Efficiency）的回归系数也大于非国有上市公司样本组中两者的回归系数，可知相比较于非国有上市公司，国有上市公司的外部制度环境对管理防御与多元化并购长期业绩、经营效率之间的负相关关系的削弱作用更明显。

表 4-39 中国有上市公司样本组中内部制度环境与管理防御程度的交乘项（MEI × Internal）和长期业绩（Performance）的回归系数 0.284 大于非国有上市公司样本组中两者的回归系数 0.196，且前者的显著性水平高于后者。表 4-40 中国有上市公司样本组的外部制度环境与管理防御程度交乘项（MEI × Internal）和经营效率（Efficiency）的回归系数也大于非国有上市公司样本组中两者的回归系数。由此可知，在国有上市公司中，内外部制度环境对管理防御与多元化并购长期绩

效的负相关关系的抑制作用更加明显。这可能是因为，相比于非国有企业管理者，国有企业管理者受到的内外部约束较弱，实施机会主义行为的动机和能力更强，这成为滋生管理防御行为的温床。随着市场化进程的加快和内部控制质量的提升，国有企业管理者受到的监督和约束的效果更加明显，可以更显著地抑制其管理防御行为的负面影响。

表 4-37　模型（4-4）回归结果

Variables	Performance		
	全样本	国有上市公司样本组	非国有上市公司样本组
MEI	−0.327*** （−3.948）	−0.385*** （−3.837）	−0.296*** （−3.592）
Market	0.263*** （2.946）	0.366*** （3.723）	0.295*** （3.486）
MEI × Market	0.398*** （3.417）	0.432*** （3.846）	0.359** （2.278）
Roe	0.549*** （2.827）	0.641*** （2.672）	0.593*** （3.102）
Growth	0.354** （2.037）	0.269* （1.662）	0.319** （2.003）
Size	0.281* （1.726）	0.187** （1.989）	0.283* （1.732）
Risk	−0.035 （−0.582）	−0.041 （−0.472）	−0.039 （−0.338）
Cash	−0.138 （−0.386）	−0.096 （−0.539）	−0.072 （−0.372）
Age	0.058 （0.149）	0.049 （0.268）	0.063 （0.142）
Constant	0.046 （0.525）	0.059 （0.691）	0.103 （0.583）
Year	Control	Control	Control

续表

Variables	Performance		
	全样本	国有上市公司样本组	非国有上市公司样本组
Industry	Control	Control	Control
Observations	4370	2871	1499
F	30.184***	27.334***	26.481***
Adjusted R^2	0.145	0.132	0.141

注：***、**、* 分别代表在 1%、5% 和 10% 的显著性水平下通过检验。

表 4-38　模型（4-5）回归结果

Variables	Efficiency		
	全样本	国有上市公司样本组	非国有上市公司样本组
MEI	−0.296** （−2.087）	−0.306*** （−3.321）	−0.267** （−2.531）
Market	0.268*** （2.834）	0.255*** （3.076）	0.304*** （3.091）
MEI × Market	0.306*** （2.737）	0.339*** （3.382）	0.278** （2.336）
Roe	0.239* （1.736）	0.292** （2.317）	0.176** （2.096）
Growth	0.182 （1.068）	0.166* （2.331）	0.153 （0.756）
Size	0.104* （1.739）	0.088** （2.175）	0.172* （1.746）
Risk	−0.142** （−1.973）	−0.304** （−2.271）	−0.105* （−1.764）
Cash	0.196** （2.071）	0.177** （2.053）	0.182** （2.203）
Age	0.044 （0.273）	0.067 （1.362）	0.104 （0.806）

续表

Variables	Efficiency		
	全样本	国有上市公司样本组	非国有上市公司样本组
Constant	0.294 (0.587)	0.384 (0.671)	0.266 (1.480)
Year	Control	Control	Control
Industry	Control	Control	Control
Observations	1794	897	897
F	22.032***	20.107***	20.899***
Adjusted R^2	0.146	0.138	0.141

注：***、**、* 分别代表在 1%、5% 和 10% 的显著性水平下通过检验。

表 4-39　模型（4-6）回归结果

Variables	Performance		
	全样本	国有上市公司样本组	非国有上市公司样本组
MEI	-0.436*** (-3.894)	-0.332*** (-3.003)	-0.289*** (-2.964)
Internal	0.359*** (3.167)	0.283*** (2.947)	0.375*** (3.327)
MEI × Internal	0.258*** (2.873)	0.284*** (2.783)	0.196* (1.787)
Roe	0.492** (2.433)	0.531** (2.375)	0.459*** (3.003)
Growth	0.285** (2.361)	0.301** (1.985)	0.368** (2.264)
Size	0.179* (1.831)	0.163* (1.782)	0.204* (1.683)
Risk	-0.086 (-0.627)	-0.076 (-0.379)	-0.063 (-0.274)

续表

Variables	Performance		
	全样本	国有上市公司样本组	非国有上市公司样本组
Cash	-0.095 (-0.572)	-0.078 (-0.432)	-0.069 (-0.404)
Age	0.044 (0.261)	0.073 (0.302)	0.058 (0.196)
Constant	0.107 (0.783)	0.153 (0.619)	0.273 (0.802)
Year	Control	Control	Control
Industry	Control	Control	Control
Observations	4370	2871	1499
F	35.073***	32.406***	31.749***
Adjusted R^2	0.149	0.141	0.136

注：***、**、* 分别代表在 1%、5% 和 10% 的显著性水平下通过检验。

表 4-40　模型（4-7）回归结果

Variables	Efficiency		
	全样本	国有上市公司样本组	非国有上市公司样本组
MEI	-0.311** (-2.403)	-0.339*** (-3.936)	-0.296** (-2.337)
Internal	0.369*** (3.076)	0.358*** (2.843)	0.303*** (3.226)
MEI × Internal	0.305*** (2.904)	0.321*** (2.896)	0.284*** (2.676)
Roe	0.289** (2.458)	0.265* (2.216)	0.317** (2.582)
Growth	0.206 (1.583)	0.174 (1.099)	0.159* (1.703)

续表

Variables	Efficiency		
	全样本	国有上市公司样本组	非国有上市公司样本组
Size	0.107** （2.332）	0.059** （2.032）	0.279*** （2.852）
Risk	–0.148** （–2.387）	–0.222* （–1.731）	–0.105* （–1.733）
Cash	0.256** （2.581）	0.176* （1.893）	0.205* （1.726）
Age	0.107 （0.593）	0.089 （1.233）	0.059 （0.422）
Constant	0.183 （0.742）	0.382 （0.667）	0.233 （1.107）
Year	Control	Control	Control
Industry	Control	Control	Control
Observations	1794	897	897
F	25.074***	22.402***	21.909***
Adjusted R^2	0.135	0.128	0.131

注：***、**、* 分别代表在 1%、5% 和 10% 的显著性水平下通过检验。

（二）稳健性检验

1. “政府与市场关系”指数作为外部制度环境替代变量

政府部门是企业外部环境制度变迁的主要推动者，在经济转轨时期，政府与市场的关系是影响企业所处外部制度环境的一个最重要因素（周建等，2010）。借鉴 Li 等（2016）和李文佳等（2021）的做法，本书使用中国分省份市场化指数数据库中“政府与市场的关系”指数来衡量企业所处的外部制度环境状况。该指数由“市场分配经济资源的比重”“减少政府对企业的干预”“缩小政府规模”三项分指标构成。政府缩小干预经济运行的力度和范围，有利于更好地发挥市场在资源配置中的基础作用，为企业创造良好的竞争环境，进而提高市场资源配置效率。该项指数数值越大，表明企业所处的外部制度环境越完善。用“政府与市场关系”指数衡量外部制度环境，代入模型（4-4）和模型（4-5）进行稳健性检验，回归结果（见表 4-41）与表 4-37、表 4-38 全样本回归结果基本相同，可见本书的研究结果具有稳健性。

表 4-41　模型（4-4）和模型（4-5）稳健性检验结果

（“政府与市场关系”指数作为外部制度环境替代变量）

Variables	模型（4-4）	模型（4-5）
	Performance	Efficiency
MEI	-0.289*** （-2.874）	-0.246** （-1.985）
Market	0.238*** （2.736）	0.232** （2.458）
MEI × Market	0.264*** （2.845）	0.274** （2.437）
Roe	0.437*** （2.631）	0.206** （2.049）
Growth	0.279** （2.148）	0.237* （1.753）
Size	0.194* （1.832）	0.133* （1.796）
Risk	-0.055 （-0.479）	-0.082* （-1.731）
Cash	-0.206 （-0.362）	0.188** （2.382）
Age	0.049 （0.157）	0.084 （0.537）
Constant	0.088 （0.632）	0.294 （0.483）
Year	Control	Control

续表

Variables	模型（4–4）	模型（4–5）
	Performance	Efficiency
Industry	Control	Control
Observations	1794	1794
F	28.372***	22.502***
Adjusted R^2	0.137	0.141

注：***、**、* 分别代表在 1%、5% 和 10% 的显著性水平下通过检验。

2. “市场中介组织发育和法律制度环境”指数作为外部制度环境替代变量

如果企业所处的外部制度环境中法治化水平较高，一方面可以更好地规范和约束企业行为，另一方面也可以给企业提供更加自由公平的发展环境（杨博旭等，2021）。因此，使用已有文献中常用来衡量法治化水平的“市场中介组织发育和法律制度环境”指数作为外部制度环境替代变量，进行稳健性检验。该指数来源于中国分省份市场化指数数据库，由“维护市场的法治环境”“知识产权保护”“市场中介组织的发育”3 项分指标构成。指数数值越大，意味着企业外部环境中法治化水平越高，外部制度环境越完善。由表 4–42 可知，回归结果与表 4–37、表 4–38 全样本回归结果基本相同，可见本书的研究结果具有稳健性。

表 4–42　模型（4–4）和模型（4–5）稳健性检验结果

（“市场中介组织发育和法律制度环境”指数作为外部制度环境替代变量）

Variables	模型（4–4）	模型（4–5）
	Performance	Efficiency
MEI	–0.264*** （–2.761）	–0.231** （–2.154）

续表

Variables	模型（4-4）	模型（4-5）
	Performance	Efficiency
Market	0.226** （2.439）	0.195** （2.372）
MEI × Market	0.195** （2.387）	0.174** （2.051）
Roe	0.228** （2.436）	0.158* 1.705）
Growth	0.195** （2.375）	0.155* （1.728）
Size	0.188** （2.032）	0.138** （2.326）
Risk	-0.043 （-0.395）	-0.184* （-1.729）
Cash	-0.227 （-0.483）	-0.139* （-1.817）
Age	0.055 （0.204）	0.037 （0.305）
Constant	0.106 （0.484）	0.397 （0.606）
Year	Control	Control
Industry	Control	Control
Observations	1794	1794
F	25.052***	20.385***
Adjusted R^2	0.133	0.139

注：***、**、* 分别代表在 1%、5% 和 10% 的显著性水平下通过检验。

3. “中国上市公司内部控制指数”作为内部制度环境替代变量

以陈汉文等构建的“中国上市公司内部控制指数”的对数衡量内部制度环境，进行稳健性检验。该指数依据《企业内部控制基本规范》

和《企业内部控制基本规范及配套指引》，综合考虑上海证券交易所和深圳证券交易所公布的《上市公司内部控制指引》《上市公司治理准则》《上市公司章程指引》等相关法律法规，同时借鉴国内外已有的内部控制评价研究，从内部环境、控制活动、内部监督、风险评估和信息与沟通 5 个维度共选取 144 个指标对上市公司的内部控制质量进行综合评价。用中国上市公司内部控制指数重新衡量企业所处的内部制度环境，代入模型（4–6）和模型（4–7），回归结果（见表 4–43）与表 4–39、表 4–40 全样本回归结果基本相同，可见本书的研究结果具有稳健性。

表 4–43　模型（4–6）和模型（4–7）稳健性检验结果

（“中国上市公司内部控制指数”作为内部制度环境替代变量）

Variables	模型（4–6）	模型（4–7）
	Performance	Efficiency
MEI	–0.271*** （–3.052）	–0.294** （–2.383）
Internal	0.315*** （3.276）	0.315*** （2.851）
MEI × Internal	0.298*** （3.149）	0.279*** （2.752）
Roe	0.283*** （2.792）	0.233* （1.845）
Growth	0.257* （1.696）	0.176* （1.835）
Size	0.142* （1.753）	0.085* （1.903）
Risk	–0.096 （–0.437）	–0.122* （–1.873）

Variables	模型（4-6）	模型（4-7）
	Performance	Efficiency
Cash	0.159 （0.486）	0.164* （1.831）
Age	0.047 （0.304）	0.087 （0.496）
Constant	0.195 （0.549）	0.129 （0.856）
Year	Control	Control
Industry	Control	Control
Observations	1794	1794
F	26.592***	24.183***
Adjusted R^2	0.136	0.129

注：***、**、* 分别代表在 1%、5% 和 10% 的显著性水平下通过检验。

第五章

结论与展望

第一节 研究结论

本书主要研究结论如下。

第一，管理防御程度对企业多元化并购具有显著正向影响，证明管理防御是我国多元化并购频发“异象”的动因之一。我国企业实际控制人的“不完全人格特征”导致内部约束较弱，恶意接管较少，以及国有商业银行的债务软约束使得国内企业面临的破产压力较小。这些内外部约束条件弱化造成管理者拥有超乎寻常的自主权，为管理防御行为的发生提供了温床。管理者出于固守职位和谋求个人利益最大化的目的，希望借助于多元化并购，以低成本、高效率的方式拓展企业经营范围，构建个人的“企业帝国”，从而获得更高的“堑壕效应”和未来职业生涯预期，以及更高的报酬、地位和权力。因此我国企业一定程度上存在管理者利用多元化并购进行防御的现象。

第二，相比于非国有企业，国有企业中管理防御程度对多元化并购的影响更大。这可能是因为，国有企业的非经济目标和管理者的非市场化任免使得国有企业的委托—代理问题更突出，而且国有企业内部治理机制依然不够健全、资本市场制度不完善、监管不严格、控制权市场等外部治理机制仍存在缺陷，导致国有企业管理者受到的内外部监督约束相对较弱，其利用多元化并购作为防御工具的动机和能力也更强。

第三，股权结构可以在管理防御程度与多元化并购的正相关关系中发挥治理效应。其中，机构股东持股比例提高和股权集中度加强可以在一定程度上削弱管理防御与多元化并购的正相关关系，表现出显著的治理效应，而股权制衡度对正相关关系的抑制作用并不显著。进一步研究发现，这是因为股权制衡度与管理防御之间呈 U 形关系，股权制衡度适度提高，能增强非控股大股东的监督能力和动机，抑制管理者的自利行为；但股权制衡度过高又容易形成股东间内耗，为管理防御留下空间。

第四，管理防御程度对多元化并购的短期市场表现的影响不显著。采用事件研究法计算出并购首次宣告日前后 10 日的累计超额收益率为 0.1546%，且统计显著，证实多元化并购短期内导致企业市场价值上升。按管理防御程度分组的累计超额收益单变量检验结果和多元回归结果均显示，管理防御程度对窗口期内的累计超额收益的影响统计上不显著，且在国有企业和非国有企业样本中这一结论均成立。其原因可能是，我国资本市场建立时间较短，且中小投资者占绝大多数，他们大多缺乏丰富的投资知识和成熟的投资经验，投机心理较强。跨行业领域的复杂性和信息不对称的存在，也使得中小投资者很难厘清多元化并购的真实原因，所以他们投资时更多表现出“跟政策”和“跟市场”的特点，而难以识别并购中背后的管理防御动机。

第五，管理防御程度会给多元化并购的长期财务绩效带来显著负面影响。从盈利能力、发展能力、偿债能力和营运能力 4 个维度综合选取 12 个指标，运用因子分析法计算出并购前后共计 5 年的财务绩效综合得分。计算结果显示，多元化并购没有给企业带来显著的业绩改善，而且出现并购后财务业绩逐年下滑的趋势。从并购后 3 年的整体绩效来看，只有 47.86% 的样本绩效得到提升，一半以上公司未实现业绩增长目标。按管理防御程度分组的单变量检验结果表明，低管理防御样本组的并购长期财务绩效得分高于高管理防御样本组，且统计上显著。进一步的回归结果也证实，管理防御程度与多元化并购的长期财务绩效显著负相关，而且国有企业中管理防御程度对长期财务绩效的负面影响大于非国有企业。由此可知，管理防御对多元化并购后的长期业绩下降负有责任，是“多元化折价”的重要原因之一。

第六，管理防御程度会显著降低多元化并购后企业的经营效率。使用 DEA-Malquist 指数模型计算出样本公司并购后 3 年的经营效率，结果显示，样本公司并购后 3 年的 DEA-Malquist 指数平均下降了 27.8%。对 DEA-Malquist 指数分解后发现，规模效率按年平均 0.44% 的速度下降，纯技术效率按年平均 21.2% 的速度下降。这可能是由于：多元化并购后企业的业务类型和组织结构更加复杂，导致企业管理成本和风险增加，而且管理复杂性会加剧管理者和股东间的信息不对称，管理者更有可能从私人收益角度出发实施防御行为，使得企业并购后难以实现规模效率的提升；同时，多元化经营稀释了企业核心资源，尤其是主业的技术资源不仅难以发挥溢出效应，还可能因为研发投入的减少而失去原有的竞争优势，导致技术效率下降。纯技术效率下降速度远高于规模效率下降速度，说明导致经营效率下降的主要原因是实施多元化经营后资源被分散到新进领域，挤占了主业的技术研发和设备更新改造资金，导致主业丧失技术优势。

第七，企业所处的内外部制度环境能够调节管理防御对多元化并购长期经济后果的负面影响。随着企业所处地区市场化程度的提高，政府手中掌握的资源变多，对企业的干预效应会减弱，而且市场化程度越高，信息不对称性越低，市场竞争更为公平有效，利益相关者对管理者的监督效果更好。因此管理防御对多元化并购长期效果的负面影响会削弱。内部制度环境的提升意味着企业内部控制效果较好，能够为决策的科学性和谨慎性提供有效保障，预防和监督管理者的机会主义行为，由此可以一定程度上抑制管理防御对多元化并购长期后果的不利影响。

第二节　政策建议

一、借助激励和约束手段降低管理者防御动机

完善的激励和约束机制对抑制管理防御行为具有至关重要的作用，股东应意识到这个问题，在赋予管理者经营自主权的同时，设计合理的激励和约束机制，有效防止管理者对股东利益的侵蚀。具体而言，可以从以下两方面着手。

（一）多种激励方式相结合

与西方国家成熟的高管薪酬制度相比，当前国内高管薪酬制度还不够完善，没有做到物质激励与精神激励结合、长期激励与短期激励结合。

国内对管理者的激励多是物质激励，而时下对管理者而言物质方面已经不再匮乏，个人价值被认同才是他们迫切的心理诉求。因此，充分利用精神激励，如董事会和股东定期对管理者的工作给予精神上的褒奖和肯定，以及学习西方的“金阶梯”制度，为管理者的快速成

长和长远发展创造环境保障和广阔空间等，这样更有利于调动管理者的工作积极性，提高他们对股东和企业的忠诚度。另外，国内对管理者的激励仍主要是薪酬激励，管理者持股比例不高，使他们难以同企业的长远发展、股东利益建立起连接感。虽然管理者薪酬和业绩挂钩，但按任期考核，也会使他们比较短视，重视任期内经营状况而忽视企业长远发展战略，在任期内容易利用各种手段和机会实施防御行为，提高自己任期结束后的保障。为加强对管理者的长期激励，一方面可增加管理者持股比例，另一方面可借鉴西方国家的“金色降落伞”制度，在企业发展时期为管理者准备一笔资金，解决其后顾之忧。管理者的未来有了清晰的保障，他们才能毫无保留地全身心投入工作。

（二）物质约束和道德约束相结合

激励机制是为了从正面调动管理者的积极性，约束机制则是要让管理者认识到如不能有效克制自己的管理防御行为会带来一系列不良后果。这样他们权衡利弊后就能努力约束自己，从源头上杜绝管理防御行为。

物质约束方面，长期报酬的锁定期要适当延长，使得管理者更注重企业的长远发展，从而抑制决策时的防御和短视现象。同时，一旦防御行为被发现，就要及时追责，且追责力度要大，令其损失远远超过因防御行为所获得的收益。

道德约束方面，一方面加强管理者的职业道德素质教育，定期开展警示训诫，对身边的实际案例进行剖析，分析利弊得失。另一方面，要建立完善的管理者信誉机制，一旦发现管理者为谋求私利而实施管理防御行为，必须在人才市场上登记在案，影响其职业声誉与个人前途，对管理者形成威慑力。

二、完善管理者选聘制度

当前我国只有少数管理者真正是通过职业经理人市场竞争产生的，大量大型企业，尤其是大型国有上市公司还存在政府干预管理者选聘的现象。这些管理者一旦被任命，几乎不存在转换工作或被淘汰的风险，这就导致较高的寻租动机，在制定决策时更多从个人利益和意愿出发，进而带来盲目多元化并购，损害公司和股东价值。而在西方国家，管理者一般是从经理人市场选聘，要和众多能力突出、从业经验丰富的职业经理人竞争后才能脱颖而出，即使上任后也要兢兢业业、尽职尽责，否则很容易被董事会解雇，并在之后的三年内都难以被其他公司聘任。这就使得管理者想要固守职位，就必须把股东和企业的利益放在首位。由此可见，抑制国内管理防御现象的一个重要方法就是普及和完善企业的职业经理人公开选聘制度，让管理者从经理人市场中产生，并且离职后回归于经理人市场，保障职业经理人流动规范和顺畅。同时，建立健全职业经理人的职业档案系统，例如通过建设管理严格、信息准确的人才信息库，对职业经理人的教育背景、就业经历、以往成就、违法违纪行为等详细信息予以记录和评估并在经理人才信息库中公开。在选拔和任用管理者时，一定要坚持“德才兼备”的原则，重视个人道德素养对企业的正向影响，强调“自制能力”，大力破除学历观、年龄观、性别观等不合理的用人标准，保持知识背景合理、年龄结构合理即可。

三、制定明确的企业多元化发展战略

多元化并购是企业分散风险、开辟新的利润增长点的有效手段，但也存在诸多风险，成功的多元化并购能够给企业带来新的市场和发展机遇，带领企业步入发展新通道，但失败的多元化并购也会严重损害企业价值，甚至带来致命打击。如果企业有明确的多元化发展战略，就可以避免制定并购决策时参杂管理者个人的利益和意愿，减少管理防御的影响。因此，制定明确的多元化战略对削弱多元化并购中的管理防御行为至关重要。

首先要明确企业是否具备实施多元化战略的条件。多元化意味着企业要从现有产品和市场中分出一部分资源和能力到并不熟悉的新业务中。如果没有主业稳定、财务状况良好作为前提条件，新业务不仅没有足够的资金支持，而且极有可能导致主业的脚跟也站不稳，出现规模效率和技术效率双双下降的情况。其次，制定多元化战略时要结合现有的资源和能力优势，尽量走相关多元化道路。只有新业务和原有业务相关联，才能充分发挥原有资源和技术的溢出效应，达到既降低经营风险又实现资源共享和协同效应的目标。再次，企业核心业务要突出。多元化经营的最终目标还是实现企业竞争力的提升，企业要获得竞争优势，就必须有明确的战略目标，知道哪些业务选择是有价值的，依此划定未来业务发展方向和业务范围，界定核心业务、增长业务和种子业务。企业的资源毕竟有限，开展多元化经营也要有业务侧重点，核心业务不能多，以核心业务带动非核心业务才能实现稳健式发展。最后，多元化战略要和国家的产业政策、产业结构调整制度相结合。政府一直在鼓励企业综合运用并购重组等方式提高发展质量，并为此制定了一系列产业政策和产业调整制度，综合使用财税、金融等优惠措施引导企业并购行为。企业要抓住这些契机，在制定多元化战略时厘清自己的发展思路，使其既符合自身特点又符合国家经济结构调整和产业结构优化升级的方向，实现高质量发展目标。

四、优化企业股权结构

前文研究发现，股权结构能一定程度上抑制管理防御对多元化并购的影响。股权集中度之所以能够发挥显著治理作用，是因为当股权较集中时，股东更有动力对管理者进行监督约束；股权分散时，股东对管理者的监督成本大于收益，由此降低了他们发挥监督约束作用的积极性。因此，企业适当提高股权集中度能使股东提高对管理者的监控力度，降低管理者将多元化并购作为管理防御工具的可能性。同时，在股权结构设计时也要注意股权制衡的作用。适度提高股权制衡度，以免“一股独大”现象造成控股股东与管理者合谋侵占中小股东的利益，但股权制衡度又不能过高，避免股东间内耗，为管理防御留下空间。也就是说，企业设计股权结构时应尽可能寻求股权集中度、股权制衡度处于最优范围。另外，还要适度引入机构股东，使得机构资本在股东大会、董事会与管理者层面实现有效融合，促使管理者克制防御行为，提高企业投资效率。

五、加强企业内部制度环境建设

本书研究结果显示，内部制度环境能够削弱管理防御对多元化并购长期财务业绩和经营效率的负面影响，因此，企业必须加快补充和完善多元化企业内部的资本配置、交易活动、资金往来等方面的内部控制制度，对企业多元化战略的决策程序、执行方式和监督措施等方面加以详细规范，以保障企业决策的科学性和可行性。多元化内部控制制度的总体目标应是提升企业整体价值，分目标包括实现企业长期战略目标和短期经营目标的协调、提升内部资本市场的资源配置效率、降低内部成本、增强企业核心竞争力和提高各业务分部成员的个体价值。就具体内容而言，内部控制制度要完善多元化战略决策制定的战略层面的控制指引，多元化具体经营过程的操作层面的控制指引，多元化经营成果的内部产业分部绩效考核方法和标准。以此从战略、经营管理和具体操作流程三个层面构建起符合多元化企业全方位需求的立体式内部控制制度体系，避免管理者将个人目标和利益凌驾于股东利益之上，促进企业实现范围经济和多元化经营的健康可持续发展。

六、加强并购外部制度环境建设

本书研究发现，外部制度环境可以缓解管理防御对多元化并购长期经济后果的负面影响，因此，为抑制管理防御行为和提高并购效果，需进一步完善并购的外部制度环境。

第一，继续深化市场化体制改革。各地区应努力提高市场化水平，创造更加公平、自由的市场竞争环境，降低并购交易成本，提升资本市场中的资本配置效率。

第二，推进政府职能转变。政府职能要加快实现由“干预型”转向“服务型”，彻底转变以干预微观经济活动为己任的思路，进一步强化市场观念，以市场为导向，尊重市场的资源配置功能，将自己的作用建立在发挥市场作用的基础上，从防止市场失灵的角度对企业并购活动进行监督指导。坚决避免将政府意志强加给企业，或以政府目标取代企业目标，而是要扮演好引导者和协调者的角色，确立企业真正的市场主体地位，以期提高并购的市场化程度。

第三，完善并购管理法律法规。我国资本市场的并购重组监管经历了从松到紧，再到“有管有放”的制度变迁，积累了宝贵的经验教训，建立了较完备的规则体系、实践标准和操作指引。但目前规范企业并购重组的政策法规《上市公司收购管理办法》《上市公司重大资产重组管理办法》等，均采取“办法”“指导意见”“补充通知”等形式，难以全面、有效地规范企业的并购重组行为。加快企业并购的立法工作，使并购重组在法律的约束下进行，实现有法可依应成为首要工作。通过制定企业并购法律制度，规范并购重组的要约、决策和审批程序，使企业并购重组公开、透明，防止出现管理者将个人利益凌驾于企业利益、股东利益之上。

第三节　本书的主要贡献与研究局限

一、主要贡献

第一，首次提供了中国企业管理防御与多元化并购关系的经验证据。虽然国外研究成果已从理论上证明经理管理防御动机是导致企业投资短视行为的主要原因之一，但国内管理者面临的内外部约束和激励与国外有较大差异，导致我国的管理防御现象有其特殊性，不能完全套用西方研究结论。为弥补当前国内多元化研究对管理者异质性考虑不足的缺陷，本研究依照“动因—行为—后果”这一经典范式，构建与中国特殊制度背景相适应的管理防御视角下的多元化并购分析框架，厘清管理防御→多元化并购→经济后果的传导机制，以破解“多元化之谜”。

第二，实证检验了企业内外部因素对管理防御的治理作用。国外管理防御研究较为丰富，而国内对此话题的关注仍不够，对于管理防御治理方面的研究就更少了。本书验证了股权结构、内部控制、市场化进程等因素对管理防御的治理作用，能够为政府和企业采取有效手段约束和避免管理防御的不良后果提供一定的现实证据。

第三，将经营效率纳入多元化并购经济后果的研究框架。多元化并购本质上是一种资源要素的重新配置行为，对其经济后果的考察不仅应包括资本市场表现、财务绩效变化，还应包括并购双方资源整合的内在表现差异。现有研究还较少考察多元化并购后企业经营效率的变化，本书将经营效率用于评价企业并购效果，有助于准确考察企业并购后的核心竞争力变化和未来发展潜力，对于引导企业挖掘生产经营优势与短板，进而促进企业高质量发展具有较强指导意义。

二、研究局限与展望

第一，管理防御是一种心理动态，囿于内心活动信息的可得性，目前只能用显性指标衡量隐性指标的方式处理，无法准确反映其真实水平，结果可能存在一定偏差。今后除继续探索更合适的替代变量用于实证检验外，还可以考虑采用调查问卷和访谈的双重方式，广泛使用心理学、实验、模拟等方法，来提高测量精确度。

第二，没有考虑其他企业内外部治理环境因素的调节作用。本书主要检验了企业的股权结构、内部控制质量和外部制度环境对管理防御的调节作用，而企业的控制权配置特征、产品市场竞争、经济环境等因素也会对管理防御产生显著影响，未来可进一步考察这些因素的调节作用。

第三，没有精确测算股权制衡度在缓解管理防御行为上的最优区间。在后续的研究中，可以进一步使用数学方法测算出阈值。

参考文献

References

[1] Abe J, Veld C. An Empirical Analysis of Incremental Capital Structure Decisions under Managerial Entrenchment [J]. Journal of Banking and Finance, 2006, 25 (10): 1857–1895.

[2] Acemoglu D, Johnson S. Institutions, Volatility, and Crises in Growth and Productivity in East Asia [M]. Chicago: University of Chicago Press, 2004.

[3] Aggarwal R, Samwick S. The Diversification Discount Puzzle: Empirical Evidence for a Transactions Cost Resolution [J]. The Financial Review, 2003, 44 (1): 113–135.

[4] Aggarwal R K, Sanrwick A. Empire–builders and Shirkers: Investment, Firm Performance, and Managerial Incentives [J]. Journal of Corporate Finance, 2006, 12 (3): 489–515.

[5] Aghion P, Bolton P. An Incomplete Contracts Approach to Financial Contracting [J]. The Review of Economic Studies, 1992, 59 (3): 473–494.

[6] Ahn S, Denis D J, Denis D K. Leverage and Investment in Diversified Firms [J].Journal of Financial Economics, 2006, 79 (2): 317–337.

[7] Alchian A, Demsetz H. Production, Information Costs, and Economic Organization [J]. American Economic Review, 1972, 62 (5): 777–95.

［8］ Amihud Y，Lev B. Risk Reduction as Managerial Motive for Conglomerate Mergers［J］. Journal of Economics，1981，12（2）：605-617.

［9］ Aorn K M. Diversification and Performance：Evidence from East Asian Firms［J］. Strategic Management Journal，1988，28（2）：101-120.

［10］ Kayhan A. Managerial Entrenchment and the Debt-equity Choice［R］. Working Paper， University of Texas at Austin，2004.

［11］ Bebchuk L，Cohen A，Ferrell A. What Matters in Corporate Governance?［J］. Review of Financial Studies，2009，22（2）：783-827.

［12］ Belen V. Diversification Discount or Premium？ New Evidence from the Business Information Tracking Series［J］. The Journal of Finance，2010，59（2）：479- 506.

［13］ Berger P G，Ofek E. Diversification's Effect on Firm Value［J］. Journal of Finance Economics，1995，37（1）：39-65.

［14］ Berle A A，Means G C. The Modern Corporation and Private Property［M］. New York：Macmillan，1932.

［15］ Berry C. Corporate Growth and Diversification［J］. Journal of Law and Economics 1975，14（2）：371-383.

［16］ Chevalier D. Why Firms Diversify：An Empirical Examination［M］. Texas：University of Texas at Arlington，1999.

［17］ Collis D J，Montgomery C A. Corporate Strategy：Resources and the Scope of the Firm［M］. Chicago， IL：Irwin，1997.

［18］ Denis D J，Denis D K，Sarin A. Agency Corporate Problems，Equity Ownership，and Diversification［J］. Journal of Finance，1997，52（2）：135-160.

［19］ Denton C，Huang H. Managerial Entrenchment and the Cost of Equity

Capital Cost [J] . Journal of Business Research, 2011, 64 (4): 356-362.

[20] Edward C. Conglomerate Bigness as a Source of Power, in National Bureau Committee for Economic Research, Business Concentration and Price Policy [M] . Princeton: Princeton University Press, 1955.

[21] Faleye O. Classified Boards, Firm Value, and Managerial Entrenchment [J] . Journal of Financial Economics, 2007, 83 (2): 501-529.

[22] Fan J, Wang T J, Zhang T. Political Connected CEOs, Corporate Governance and Post-IPO Performance of China's Newly Partially Privatized Firms [J] . Journal of Corporate Finance, 2014, 26 (3): 85-95.

[23] Farinha L A, Santos J A C. Relationship Lending: A Survey of the Literature [J] . Journal of Economics and Business, 2002, 11 (2): 124-151.

[24] Fauver L. Capital Market Development, International Integration, Legal Systems, and the Value of Corporate Diversification: A Cross-Country Analysis[J]. Journal of Financial and Quantitative Analysis, 2004, 38(1): 135-158.

[25] Feinberg R. Sales-at-risk: A Test of the Mutual Forbearance Theory of Conglomerate Behavior [J] . Journal of Business, 1985, 58: 225-241.

[26] Florackis C, Ozkan A. The Impact of Managerial Entrenchment on Agency Costs: An Empirical Investigation Using UK Panel Data [J] . European Financial Management, 2009, 15 (2): 497-528.

[27] Fox M A, Hamilt R T. Ownership and Diversification: Agency Theory or Stewardship Theory [J] . Journal of Management Studies, 2009,

31（1）：69-81.

[28] Gibbons R，Murphy K J. Optimal Incentive Contracts in the Presence of Career Concerns：Theory and Evidence [J]. Journal of Political Economy，1992，100（3）：468-505.

[29] Gompers P，Ishii J，Meterick A. Corporate Governance and Equity Prices [J]. The Quarterly Journal of Economics，2003，118（1）：107-155.

[30] Grossman S J，Hart O D. The Cost and Benefits of Ownership：A Theory of Vertical and Lateral Integration [J]. Journal of Political Economy，1986，94（4）：691-719.

[31] Gort M. Diversification and Integration in American Industry [M]. Princeton：Princeton University，1962.

[32] Grant R M. Multinationality and Performance among British Manufacturing Companies [J]. Journal of International Business Study，1988，18（3）：79-89.

[33] Grant R M. The Resource-based Theory of Competitive Advantage：Implications for Strategy Formulation [J]. California Management Review，1991，33：114-135.

[34] Grinstein Y. The Growth of Executive Pay [J]. Oxford Review of Economic Policy，2005，21（2）：283-303.

[35] Hambrick D C，Mason P A. Upper Echelons：The Organization as a Reflection of Its Top Managers [J]. Academy of Management Review，1984，9（2）：193-206.

[36] Harford J，Li K. Decoupling CEO Wealth and Firm Performance：The Case of Acquiring CEOs [J]. Journal of Finance，2007，62（2）：324-376.

[37] Hart O, Moore J. Property Rights and the Nature of the Firm [J]. Journal of Political Economy, 1990, 98 (6): 1119-1158.

[38] Grinstein Y, Hribar P. CEO Compensation and Incentives: Evidence from M&A Bonuses [J].Journal of Financial Economics, 2004, 73(1): 119-143.

[39] Hill C W, S Snell. External Control, Corporate Strategy, and Firm Performance in Research Intensive Industries [J]. Strategic Management Journal, 2010, 9 (6): 577-590.

[40] Hirsch R, Watson S. The Link Between Corporate Governance and Corruption in New Zealand [J]. New Zealand Universities Law Review, 2009, 12 (1): 135-157.

[41] Hoskisson R E. Antecedents and Performance Outcomes of Diversification: A Review and Critique of Theoretical Perspectives [J]. Journal of Management, 1990, 16 (2): 461-509.

[42] Jensen M C. Agency Costs of Free Cash Flow, Corporate Finance and Takeovers [J]. American Economic Review, 1986, 76 (2): 323-329.

[43] Jensen M, Meckling W. Theory of the Firm: Managerial Behavior, Agency Costs, and Ownership Structure [J]. Journal of Financial Economics, 1976, 3 (10): 305-360.

[44] Jensen M.C, Murphy K J. Performance Pay and Top-management Incentives [J]. Journal of Political Economy, 1990, 98 (2): 225-264.

[45] Karl V, Lins, Servaes H. Is Corporate Diversification Beneficial in Emerging Markets [J]. Financial Management, 2012, 31 (2): 5-31.

[46] Kenneth K. Influence of Institutional Investors' Participation on Flipping

Activity of Malaysian IPOs [J] . Elsevier Economic Systems, 2018, 38 (4) : 470–486.

[47] La Porta R, Lopez–de–Silanes F, Shleifer A, et al. Corporate Ownership Around the World [J] .Journal of Finance, 1999, 54 (2) : 471–517.

[48] Lamont O A, Polk C. Does Diversification Destroy Value? Evidence from Industry Shocks [J] . Journal of Financial Economics, 2002, 63: 57–77.

[49] Lemmon M L, Lins K. Ownership Structure, Corporate Governance, and Firm Value: Evidence from the East Asian Financial Crisis [J] . Journal of Finance, 2003, 58 (4) : 1445–1468.

[50] Lewellen W. A Pure Financial Rationale for the Conglomerate Merger[J]. Journal of Finance, 1971, 26 (2) : 521–537.

[51] Li L, Zhou A. Political Turnover and Economic Performance: The Incentive Role of Personnel Control in China [J] . Journal of Public Economics, 2005, 89: 1743–1762.

[52] Lim E, N K, Das S S, et al. Diversification Strategy, Capital Structure, and the Asian Financial Crisis (1997—1998) : Evidence from Singapore Firms [J] . Strategic Management Journal, 2009, 30: 577–594.

[53] Maddala G S. Limited–Dependent and Qualitative Variables in Econometrics [M] . Gambridge: Cambridge University Press, 1986.

[54] Makri M, Hitt M A, Lane P J. Complementary Technologies, Knowledge Relatedness, and Invention Outcomes in High Technology Mergers and Acquisitions [J] . Strategic Management Journal, 2010, 31 (6) : 602–628.

[55] Malmendier U, Tate G. Who Makes Acquisitions? CEO Overconfdence and the Market's Reaction [R] . NBER Working Paper, 2003.

[56] Markides C C, Williamson P J. Related Diversification, Core Competencies and Corporate Performance [J] . Strategic Management Journal, 1994, 15: 149–165.

[57] Markowitz H. Portfolio Selection [J] . Journal of Finance, 1952, 7 (1): 77–91.

[58] Masulis R W, Wang C, Xie F. Corporate Governance and Acquirer Returns [J] . Journal of Finance, 2007, 62 (4) : 1851–1889.

[59] Matasusaka J. Corporate Diversification, Value Maximization, and Organizational Capabilities [J] . Journal of Business, 2001, 74 (7) : 409–431.

[60] Maury B, Pajuste A. Multiple Controlling Shareholders and Firm Value [J] . Journal of Banking and Finance, 2005, 29 (7) : 1813–1834.

[61] May D. Do Managerial Influence Firm Risk Reduction Strategies? [J] . Journal of Finance, 1995, 50 (4) : 1291–1308.

[62] Melicher R, Rush D. The Performance of Conglomerate Firms: Recent Risk and Return Experience [J] . Journal of Finance, 1973, 8 (2) : 381–388.

[63] Miller D. J. Technological Diversity, Related Diversification, and Firm Performance [J] .Strategic Management Journal, 2006, 27 (7) : 601–619.

[64] Montgomery C A, Harbir S. Diversification Strategy and Systematic Risk [J] . Strategic Management Journal, 1984, 5 (2) : 181–191.

[65] Morck R, Shleifer A, Vishny R W. Management Ownership and Market Valuation: An Empirical Analysis [J] . Journal of Finance Economics,

1988，20（1-2）：293-315.

[66] Morck R K，Stangeland D A，Yeung B. Intertied Wealth，Corporate Control，and Economic Growth：The Canadian Disease [M]. Chicago：University of Chicago Press，2000.

[67] Mueller D C. A Theory of Conglomerate Mergers [J].Quarterly Journal of Economics，1969，83（4）：643-659.

[68] Murphy K J. Corporate Performance and Managerial Remuneration：An Empirical Analysis [J]. Journal of Accounting and Economics，1985，7（1-3）：11-42.

[69] Nagarajan K，Sivaramakrishnan，Sri S. Managerial Entrenchment，Reputation and Corporate Investment Myopia [J].Journal of Accounting，Auditing & Finance，1995，10（3）：565-585.

[70] Nanda V，Narayanan M P. Disentangling Value：Financing Needs，Firm Scope，and Divestitures [J]. Journal of Financial Intermediation，1999，8（3）：174-204.

[71] Nejla O D E. Managerial Entrenchment：Modulization and Impact on the Shareholders Wealth[J]. Corporate Ownership and Control，2016，9(2)：449-460.

[72] North D C. Institutions，Institutional Change and Economic Performance [M]. Cambridge：Cambridge University Press，1990.

[73] Olson M. The Logic of Collective Action [M]. Massachusetts Hall，Cambridge：Harvard University Press，1965.

[74] Penrose E. The Theory of the Growth of the Firm [M]. Third ed. Oxford：Oxford University Press，1959.

[75] Peteraf M A. The Cornerstones of Completive Advantage：A Resource-based View [J]. Strategic Management Journal，1993，14（3）：

179–191.

[76] Pige B. Entrenchment Des Dirigeants et Richesse Des Actionnaires [J]. Revue Finance Control Strategy, 1999, 1(3): 131–158.

[77] Porter M E. From Competitive Advantage to Corporate Strategy [J]. Harvard Business Review, 1989, 5(5–6): 43–59.

[78] Raghuram G R. The Cost of Diversity: The Diversification Discount and Inefficient Investment [J]. Journal of Finance, 2000, 55 (1): 35–80.

[79] Ravichandran V. Research on Corporate Diversification: A Synthesis[J]. Strategic Management Journal, 1989, 10 (6): 523–551.

[80] Raphael Amit, Joshua Livnat. Diversification Strategies, Business Cycles and Economic Performance [J]. Strategic Management Journal, 1988, 9 (2): 99–110.

[81] Richard A B. Performance Differences in Related and Unrelated Diversified Firms [J]. Strategic Management Journal, 2011, 10 (2): 379– 393.

[82] Roll R. The Hubris Hypothesis of Corporate Takeovers [J].Journal of Business, 1986, 59 (2): 124–146.

[83] Rose Vernon, Shepard A. A Survey of Corporate Governance [J]. Journal of Finance, 1997, 52 (2): 37–83.

[84] Schommer M, Richter A, Karna A. Does the Diversification Firm Performance Relationship Change Over Time? A Meta Analytical Review [J]. Journal of Management Studies, 2019, 56 (1): 270–298.

[85] Scott W R. Institutions and Organizations [M]. London: Sage Publications, 1995.

[86] Scott W R. Institutions and Organizations: Ideas and Interests [M]. Thousand Oaks: Sage, 2013.

[87] Servaes H. The Value of Diversification During the Conglomerate Merger Wave [J]. Journal of Finance, 1996, 51 (4): 1201–1226.

[88] Sicherman N W, Pettway R H. Acquisition of Divested Assets and Shareholders' Wealth [J]. Journal of Finance, 1987, 42 (5): 1261–1273.

[89] Shefrin H. Behavioral Corporate Finance [M]. New York: McGraw–Hill, 2006.

[90] Shleifer A, Vishny R W. Do Managerial Objectives Drive Bad Acquisitions [J]. The Journal of Finance, 1989, 45 (1): 57–89.

[91] Shleifer A, Vishny R W. Managerial Entrenchment, the Case of Manager Specific Investments[J]. Journal of Financial Economics, 1990, 25(1): 123–139.

[92] Shleifer A. Vishny R W. Politicians and Firms [J]. Quarterly Journal of Economics, 1994, 4 (11): 995–1025.

[93] Stein J C. Internal Capital Markets and the Competition for Corporate Resources [J]. Journal of Finance, 1997, 52 (1): 111–133.

[94] Stulz J. Takeovers Motives During the Conglomerate Merger Wave [J]. Rand Journal of Economics, 1993, 24: 357–379.

[95] Stulz R M. Managerial Control of Voting Rights: Financing Policies and the Market for Corporate Control [J]. Journal of Financial Economics, 1988, 20: 25–54.

[96] Stulz R M. Managerial Discretion and Optimal Financing Policies [J]. Journal of Financial Economics, 1990, 26 (1): 3–27.

[97] Teece D J. Economics of Scope and the Enterprise [J]. Journal of Economic Behavior & Organization, 1980, 1 (3): 223–247.

[98] Teece D J. Towards an Economic Theory of the Multiproduct Firm [J].

Journal of Economic Behavior & Organization, 1982, 3（1）: 39-63.

[99] Velury U, Jenkins D S. Institutional Ownership and the Quality of Earnings [J]. Journal of Business Research, 2006, 59（9）: 1043-1051.

[100] Walters B A, Kroll M J, Wright P. CEO Tenure, Boards of Directors, and Acquisition [J]. Journal of Business Research, 2007, 60（4）: 331-358.

[101] Wan W P, Hoskisson R E, Short J C. Resource-based Theory and Corporate Diversification Accomplishments and Opportunities [J]. Journal of Management, 2011, 37（5）: 1335-1368.

[102] Wang H. Managerial Entrenchment, Equity Payout and Capital Structure [J]. Journal of Banking and Finance, 2011（35）: 36-50.

[103] Wernerfelt B. A Resource-based View of the Firm [J].Strategic Management Journal, 1984, 5（2）: 171-180.

[104] Wernerfelt B, Chatterjee S. The Link Between Resources and Type of Diversification: Theory and Evidence [J]. Strategic Management Journal, 1991, 12（1）: 33-84.

[105] Wernerfelt B, Montgomery C A. Diversification, Ricardian Rents, and Tobin's Q [J]. The Rand Journal of Economics, 1988, 19（4）: 623-632.

[106] Whited T. Is It Inefficient Investment That Causes the Diversification Discount? [J]. Journal of Finance, 2001, 56（5）: 1667-1691.

[107] Zwiebel J. Dynamic Capital Structure under Managerial Entrenchment [J]. The American Economic Review, 1996, 86（5）: 1197-1215.

[108] 白重恩，路江涌，陶志刚. 国有企业改制动因的实证研究 [J]. 经

济学报，2005（1）：150–167.

［109］ 白建军，李秉祥．经理管理防御行为及其经济后果研究述评［J］．首都经济贸易大学学报，2012（4）：116–123.

［110］ 普华永道．2022 年中国企业并购市场 回顾与前瞻［EB/OL］．2023–02–01.https：//www.pwccn.com/zh/deals/ma–2022–review–and–2023–outlook.pdf.

［111］ 蔡地，万迪昉．民营企业家政治关联、政府干预与多元化经营［J］．当代经济科学，2009（11）：17–22.

［112］ 仓勇涛，储一昀，范振宇．多元化经营复杂度、股权绝对集中与资源运营效益［J］．会计研究，2020（6）：24–35.

［113］ 陈信元，黄俊．政府干预、多元化经营与公司业绩［J］．管理世界，2007（1）：92–97.

［114］ 窦炼．融资约束、代理冲突与中国上市公司投资行为研究——基于控制权私有收益视角［D］．重庆：重庆大学，2011.

［115］ 杜晓霞．基于经理管理防御视角的公司多元化投资研究［D］．太原：山西财经大学，2013.

［116］ 冯根福，吴林江．我国上市公司并购绩效的实证研究［J］．经济研究，2001（1）：54–61.

［117］ 傅强，方文俊．管理者过度自信与并购决策的实证研究［J］．商业经济与管理，2008（4）：76–80.

［118］ 高燕燕，黄国良．政府干预和内部人控制与企业多元化研究［J］．技术经济与管理研究，2015（3）：43–47.

［119］ 高燕燕，黄国良．政府干预对多元化并购的影响［J］．学术界，2015（6）：74–83.

［120］ 高燕燕，黄国良．政府干预与并购对象选择偏好［J］．投资研究，2017（9）：4–15.

［121］ 高燕燕，黄国良，李强，等．国企多元化并购异象的根源与市场反应———基于制度基础观的研究［J］．系统工程，2018（1）：81–90.

［122］ 郭春艳．高管薪酬与管理防御相关性研究［D］．重庆：重庆工商大学，2014.

［123］ 韩忠雪，程蕾．控制权收购、多元化经营与公司财富效应［J］．山西财经大学学报，2011（10）：96–104.

［124］ 郝颖，刘星，林朝南．我国上市公司高管人员过度自信与投资决策的实证研究［J］．中国管理科学，2005（5）：142–148.

［125］ 洪道麟，刘力，熊德华．多元化并购、企业长期绩效损失及其选择动因［J］．经济科学，2006（5）：63–73.

［126］ 洪道麟，王辉．融资约束、所有权性质、多元化和资本结构内生性——来自再融资的证据［J］．当代财经，2008（8）：68– 74.

［127］ 洪道麟，熊德华．中国上市公司多元化与企业绩效分析——基于内生性的考察［J］．金融研究，2006（11）：33–43.

［128］ 黄国良．管理防御、资本结构与公司业绩研究［D］．徐州：中国矿业大学，2009.

［129］ 黄娟娟，沈艺峰．上市公司的股利政策究竟迎合了谁的需要——来自中国上市公司的经验数据［J］．会计研究，2007（8）：36–43+95.

［130］ 姜付秀，刘志彪，陆正飞．多元化经营企业价值与收益波动研究［J］．财经问题研究，2006（11）：27–34

［131］ 姜付秀，张敏，陆正飞，等．管理者过度自信、企业扩张与企业财务困境［J］．经济研究，2009（1）：131–143.

［132］ 姜涛，杨明轩，王晗．制度环境、二代涉入与目标二元性——来自中国家族上市公司的证据［J］．南开管理评论，2019（4）：

135–147.

[133] 康荣平，何银斌．企业多元化经营［M］．北京：经济科学出版社，1999.

[134] 李秉祥，林炳洪．管理者能力、股权结构与风险偏好［J］．会计之友，2022（13）：91–98.

[135] 李秉祥，刘凤丽，陈飞．经理管理防御对上市公司股权再融资方式选择的影响［J］．管理学家（学术版），2011（2）：56–68.

[136] 李秉祥，王梦泽，姚冰湜．经理人管理防御对企业非效率投资的影响：薪酬结构作用分析［J］．财会月刊，2014（20）：32–37.

[137] 李秉祥，吴莹．基于关系嵌入的公司经理管理防御水平测度［J］．财会月刊，2022（5）：110–117.

[138] 李秉祥，薛思珊．基于经理人管理防御的企业投资短视行为分析［J］．系统工程理论与实践，2008（11）：55–61.

[139] 李秉祥，袁烨．经理管理防御对企业融资行为影响路径研究——基于三元交互分析框架［J］．现代财经（天津财经大学学报），2016，36（5）：102–113.

[140] 李秉祥，周浩，白建军．经理管理防御对企业社会责任影响的实证研究［J］．软科学，2013（1）：104–108.

[141] 李莉，薛冬辉．高管政治行为、多元化程度与民营企业绩效［Z］．新兴经济体公司财务与资本市场研讨会论文集，2010.

[142] 李强，刘善敏．地方政府干预、行业集中度与公司多元化［J］．华南师范大学学报（社会科学版），2007（5）：49–56.

[143] 李善民，毛雅娟，赵晶晶．高管持股、高管的私有收益与公司的并购行为［J］．管理科学，2010（1）：2–12.

[144] 李善民，朱滔．多元化并购能给股东创造价值吗？［J］．管理世界，2006（4）：129–139.

［145］ 李万福，林斌，宋璐．内部控制在公司投资中的角色：效率促进还是抑制？［J］．管理世界，2011（2）：81–99.

［146］ 李维安，李滨．机构投资者介入公司治理效果的实证研究——基于 CCGINK 的经验研究［J］．南开管理评论，2008（1）：4–14.

［147］ 李文佳，朱玉杰．儒家文化对公司违规行为的影响研究［J］．经济管理，2021（9）：137–153.

［148］ 林晓辉，刘湘玫．公司治理结构与多元化经营［J］．税务与经济，2008（2）：23–29.

［149］ 林晓辉，吴世农．股权结构、多元化与公司绩效关系的研究［J］．证券市场导报，2008（1）：56–63.

［150］ 刘海明，步晓宁．民营企业债务违约是内因驱动吗？——基于短贷长投和多元化经营视角的分析［J］．金融研究，2022（3）：79–95.

［151］ 刘惠．纺织业上市公司超额现金持有对企业经营效率的影响分析［D］．武汉：武汉纺织大学，2020.

［152］ 刘明辉，张宜霞．内部控制的经济学思考［J］．会计研究，2002（8）：54–56.

［153］ 刘少波，马超．经理人异质性与大股东掏空抑制［J］．经济研究，2016（4）：129–145.

［154］ 刘淑伟．中外光伏上市企业经营效率比较研究——基于 DEA 和 Malmquist 指数模型［D］．北京：中国社会科学院大学，2021.

［155］ 刘星，魏锋，戴玉光．经理管理防御下的公司股利政策研究［J］．中国会计评论，2004（2）：363–376.

［156］ 潘瑞娇．多元化理论与中国上市公司多元化经营影响因素研究［D］．上海：复旦大学，2005.

［157］ 潘瑞姣．西方企业多元化经营理论评述［J］．改革与战略，2009（11）：

183-186.

[158] 彭明雪，丁振辉．经营效率、中间业务收入与商业银行盈利能力[J]．金融论坛，2016（5）：69-80.

[159] 钱颖一．企业的治理结构改革与融资结构改革［J］．经济研究，1995（1）：20-29.

[160] 覃志刚．企业多元化经营绩效：理论与实证［M］．北京：中国财政经济出版社，2009.

[161] 盛明泉，张春强．基于不同并购类型的企业并购价值效应研究[J]．商业经济与管理，2011（9）：74-80.

[162] 王春丽，马路．股权性质、股权集中度和股权制衡度与研发投入绩效［J］．投资研究，2017（7）：138-147.

[163] 王化成，胡国柳．股权结构与企业投资多元化关系：理论与实证分析［J］．会计研究，2005（8）：56-62.

[164] 王生年，魏春燕．战略转型、资源禀赋与多元化并购的实证研究[J]．投资研究，2014（11）：72-83.

[165] 王燕妮，李爽．基于自由现金流的高管激励与研发投入关系研究［J］．科学学与科学技术管理，2013（4）：143-149.

[166] 王永钦等．中国的大国发展道路——论分权式改革的得失［J］．经济研究，2007（1）：34-38.

[167] 韦小柯．多元化业务相关性与企业绩效关系研究［D］．杭州：浙江大学，2007.

[168] 吴建祥．企业控制权配置对经理管理防御的影响机理研究［D］．西安：西安理工大学，2019.

[169] 吴建祥．公司实际控制人控制度对经理管理防御的影响研究［J］．统计与信息论坛，2020（4）：119-128.

[170] 吴建祥，李秉祥．经理管理防御对经理人薪酬及薪酬业绩敏感性

影响分析——来自我国制造业上市公司的经验证据[J].现代财经，2013（1）：97-107.

[171] 吴秋生，庞梦瑶.CEO市场化选聘、股权制衡度和投资效率[J].会计之友，2022（1）：90-96.

[172] 吴淑琨，席酉民.公司治理与中国企业改革[M].北京：机械工业出版社，2000.

[173] 夏立军，方轶强.政府控制、治理环境与公司价值——来自中国证券市场的经验证据[J].经济研究，2005（5）：40-51.

[174] 夏芸，叶秋彤，王珊珊.创业板上市公司海外技术并购的创新效应——基于PSM-DID模型的实证分析[J].技术经济，2020（8）：10-20.

[175] 肖作平，陈德胜.公司治理结构对代理成本的影响——来自中国上市公司的经验证据[J].财贸经济，2006（12）：29-35.

[176] 许慧君.非国有股东治理、环境不确定性与国有企业并购绩效[D].南京：南京财经大学，2023.

[177] 徐业坤，陈十硕，马光源.多元化经营与企业股价崩盘风险[J].管理学报，2020（3）：439-446.

[178] 杨博旭，王玉荣，李兴光，等.技术多元化对双元创新绩效的影响研究：基于正式与非正式制度环境的视角[J].科学学与科学技术管理，2021（12）：145-162.

[179] 杨凌云，黄永春，叶子.管理者权力对创新行为的影响——异质机构投资者的调节作用[J].科技管理研究，2022（2）：146-155.

[180] 杨蓉，李红艳.高管控制权、自由现金流与企业投资行为[J].上海经济研究，2003（12）：72-84.

[181] 姚海鑫，陆智强.上市公司董事会结构与经理败德行为的关系研

究——公司财务的视角［M］. 北京：经济管理出版社，2011.

［182］ 姚俊，吕源，蓝海林 . 我国上市公司多元化与经济绩效关系的实证研究［J］. 管理世界，2004（11）：119-135.

［183］ 尹义省 . 适度多角化——企业成长与业务重组［M］. 上海：生活·读书·新知三联书店，1999.

［184］ 袁春生，杨淑娥 . 经理管理防御与企业非效率投资［J］. 经济问题，2006（6）：40-42.

［185］ 张长征，赵西萍 . 企业规模、经理自主权与 R&D 投入关系研究——来自中国上市公司的经验证据［J］. 科学学研究，2006（3）：432-438.

［186］ 张海龙，李秉祥 . 经理管理防御对企业过度投资行为影响的实证分析——来自我国制造业上市公司的经验证据［J］. 管理评论，2010（7）：82-89.

［187］ 张铭，柳新元 . 论分享制的形式、本质与主要模式［J］. 浙江学刊，2002（2）：52-54.

［188］ 曾亚敏 . 中国上市公司多元化经营动因的实证分析［D］. 厦门：厦门大学，2005.

［189］ 张雷 . 基于制度视角的中国上市公司多元化与企业绩效的实证研究［D］. 济南：山东大学，2008.

［190］ 张亮亮 . 政治关联、高管变更与资本结构优化调整——基于管理防御视角［D］. 徐州：中国矿业大学，2014.

［191］ 张卫国，袁芳，陈宇 . 上市公司多元化战略与经济绩效关系实证分析［J］. 重庆大学学报（自然科学版），2002（11）：135- 139.

［192］ 张兆国，郑军，郭炜，等 . 上市公司股权再融资之辩［J］. 财务与会计，2008（12）：47-49.

［193］ 张维迎 . 企业理论与中国企业改革［M］. 北京：北京大学出版社，

1999.

［194］ 赵艳，张云．其他综合收益、管理防御与高管薪酬［J］．中央财经大学学报，2018（11）：58–70.

［195］ 周继军．内部控制、公司治理与管理者舞弊研究——基于中国上市公司的数据信息分析［J］．财政监督，2011（29）：54–57.

［196］ 周建，方刚，刘小元．外部制度环境、内部治理结构与企业竞争优势——基于中国上市公司的经验证据［J］．管理学报，2010（7）：963–971.

［197］ 邹国庆，倪昌红．经济转型中的组织冗余与企业绩效：制度环境的调节作用［J］．中国工业经济，2010（11）：120–129.

［198］ 左海霞．制度环境、多元化战略与企业成长性——基于中国涉农上市公司的实证研究［D］．石河子：石河子大学，2023.